미래교회를 사랑하는 사람들의 책 2

순종하는 기도자

김형래 지음

신앙과지성사

책머리에

목회를 하면 할수록 깨닫게 되는 것은 기도야말로 하나님의 은혜요 축복의 통로라는 사실입니다. 기도는 하나님께 우리의 소원을 일방적으로 구하는 것이 아닙니다. 만일 그렇게 생각하고 기도한다면, 우리는 곧 지치게 되고 매일 기도해야 할 이유를 찾지 못하게 됩니다. '우리의 모든 사정과 형편을 아시는 하나님이신데, 우리가 굳이 힘들게 소원을 다 구해야 합니까?' '기도하지 않아도, 하나님은 이미 우리의 필요를 아시는 분인데, 뭘 그렇게 하나님을 귀찮게 해야 할까요?' 종종 이러한 질문을 듣습니다.

왜 이러한 물음을 가지게 되고, 기도하지 않게 되는 것일까요? 그 이유는 기도를 단지 내가 원하는 것을 구하는 것으로만 이해하기 때문입니다. 나의 소원을 간구하는 것이 기도의 전부가 아닙니다. 우리가 기도하기 때문에 하나님이 응답하시는 것이 아닙니다. 순서가 바뀌어야 합니다.

설령 우리가 기도하지 않는다 할지라도 하나님의 역사는 반드시 이루어집니다. 그러나 하나님은 하나님의 계획과 뜻을 깨닫게 하시고 하나님의 행하심을 알게 하시기 위해서 우리에게 기도하게 하시는 것입니다. 어리석고 무지한 우리에게 하나님의 은밀하고 놀라운 일을 알게 하시는 방법이 바로 기도입니다.

이 책에 실린 글들은 제가 목회하고 있는 아현감리교회의 '제35차 다니엘 세이레 새벽기도회'에서 나누었던 말씀들을 토대로 정리한 것입니다. 앞서 소개했던 제가 종종 받았던 기도에 대한 질문을 마음에 품고 성경에 나오는 인물들의 기도 속에서 참된 기도자의 모습을 묵상하고 살펴보았습니다. 새벽강단에서 열다섯 번에 걸쳐서 나눈 말씀입니다.

이 책은 앞서 출판된 『갈망하는 예배자』(신앙과지성사, 2020)와 함께 보다 의미 있게 사용될 수 있을 것입니다. 성경에서 발견되는 참된 예배자의 모습을 먼저 살펴보고, 이어서 참된 기도자의 모습을 살펴봄으로써 하나님께 드리는 우리의 예배와 기도가 진정 어떠해야 하는지를 깨달아 갈 것입니다. 새벽강단에서 선포된 말씀을 다시 한번 글로 읽어 가며 되새기기 원하는 성도님들은 물론이요, "기도" 혹은 "기도자"와 관련된 주제를 가지고 연속적인 말씀을 준비하는 목회자들과 설교자들에게도 조금이나마 도움이 되리라 생각합니다. 더불어, 젊은이와 청장년 그리고 선교회 등과 같은 여러 모임뿐만 아니라 가정에서 자녀와 함께 말씀을 나누는 교재와 자료로 귀히 활용되기를 기대합니다.

이 책이 나오기까지 수고해 주신 분들에게 감사의 마음을 전합니다. 『갈망하는 예배자』에 이어서 연속되는 시리즈로 이번 책의 출판을 허락해 주신 '신앙과지성사'의 최병천 대표님, 출판기획에서부터 실무까지 이번에도 성심을 다해서 도와주신 김동성 박사님, 그리고 바쁜 일정에도 흔쾌히 교정과 디자인 등 큰 도움을 주신 출판사 관계자 여러분에게 진심으로 감사드립니다. 끝으로 부족한 아들의 설교에 늘 은혜받았다고 격려해 주시고 언제나 아들을 위해서 기도해 주시는 사랑하는 부모님께 감사드립니다. 부모님의 기도와 격려와 기다림이 없었다면 이 책은 세상에 나오지 못했을 것입니다. 아무쪼록 이 책이 기도를 어렵게 생각하고 부담스럽게 여기는 많은 분들과 만나서 기도야말로 하나님의 은혜요 축복의 통로라는 것을 깨닫고 순종하는 기도자로 살아가게 되는 귀한 도구가 되기를 간절히 소망합니다.

2023. 2. 7.
창립 135주년을 맞는 아현감리교회의
스크랜턴예배당 목양실에서
김형래

차례

책머리에 · 3

01 야곱, 생사를 걸고 부르짖는 기도자 · 9
   창세기 32:24-30

02 모세, 순종하는 기도자 · 21
   출애굽기 5:22-6:7

03 한나, 상한 심정을 토로하는 기도자 · 31
   사무엘상 1:5-11

04 여호사밧, 포기하지 않는 기도자 · 43
   열왕기하 3:9-12

05 히스기야, 은혜를 깨닫는 기도자 · 57
   열왕기하 20:1-7

06 에스더, 위기 앞에 금식하는 기도자 · 69
   에스더 4:10-17

07 사가랴, 부족함에도 응답받는 기도자 · 81
   누가복음 1:5-16

08 한 과부, 진실한 믿음으로 간구하는 기도자 · 91
　　누가복음 18:1-8

09 바리새인과 세리, 목적과 태도가 서로 다른 기도자 · 101
　　누가복음 18:9-14

10 아나니아, 성령의 역사를 증거하는 기도자 · 113
　　사도행전 9:10-19

11 베드로, 거룩한 뜻을 이루어가는 기도자 · 125
　　사도행전 10:9-15

12 성도들, 공동체를 위해 합심하는 기도자 · 135
　　사도행전 12:1-5

13 므낫세, 회복의 은총을 누리는 기도자 · 147
　　역대하 33:10-17

14 지혜자, 여호와를 경외하는 기도자 · 159
　　잠언 23:15-19

15 바울, 교회와 성도를 위해 중보하는 기도자 · 171
　　에베소서 1:15-23

01

야곱, 생사를 걸고 부르짖는 기도자

²⁴야곱은 홀로 남았더니 어떤 사람이 날이 새도록 야곱과 씨름하다가 ²⁵자기가 야곱을 이기지 못함을 보고 그가 야곱의 허벅지 관절을 치매 야곱의 허벅지 관절이 그 사람과 씨름할 때에 어긋났더라 ²⁶그가 이르되 날이 새려하니 나로 가게 하라 야곱이 이르되 당신이 내게 축복하지 아니하면 가게 하지 아니하겠나이다 ²⁷그 사람이 그에게 이르되 네 이름이 무엇이냐 그가 이르되 야곱이니이다 ²⁸그가 이르되 네 이름을 다시는 야곱이라 부를 것이 아니요 이스라엘이라 부를 것이니 이는 네가 하나님과 및 사람들과 겨루어 이겼음이니라 ²⁹야곱이 청하여 이르되 당신의 이름을 알려주소서 그 사람이 이르되 어찌하여 내 이름을 묻느냐 하고 거기서 야곱에게 축복한지라 ³⁰그러므로 야곱이 그 곳 이름을 브니엘이라 하였으니 그가 이르기를 내가 하나님과 대면하여 보았으나 내 생명이 보전되었다 함이더라

/ 창세기 32:24-30 /

성경에 등장하는 인물들 가운데, 야곱은 그리 본받을 만한 훌륭한 인생을 살았다고 말하기 어렵습니다. '속이는 자' 또는 '발뒤꿈치를 잡은 자'라는 이름의 뜻처럼, 야곱은 남을 속이는 데 익숙했고 자신의 이익을 위해서 남을 이용하는 처세술이 뛰어난 사람이었습니다. 그는 피해의식과 부정적인 사고를 가지고 있었고 따라서 좋은 아들, 좋은 형제, 좋은 남편이 되기 어려운 사람이었습니다.

그런데 놀라운 것은, 이러한 야곱이 하나님께서 처음 택하신 백성, 그 열두 지파의 조상이 되었다는 것입니다. 믿음의 조상이 아브라함이라면, 열두 지파의 조상은 야곱입니다. 하나님께서 야곱에게 주신 새로운 이름이 바로 '이스라엘'입니다.

어떻게 불신의 아이콘이라고 할 수 있는 야곱이 거룩한 하나님의 백성을 이루는 열두 지파의 조상이 될 수 있을까요? 그 비결은 바로 기도에 있습니다.

야곱이 자기 인생의 모든 것을 걸고 하나님과 씨름하는 그 기도가 그의 인성을 바꾸었고, 그 이후의 모든 삶을 성화시킴으로써 결국 열두 지파의 조상이 되게 했던 것입니다. 이것이 바로 기도의 능력입니다. 이것이 우리를 기도의 자리로 부르시는 하나님의 전능하신 능력입니다.

'사람이 갑자기 변하면 죽을 때가 다 된 것이다'라는 말이 있습니다. 그 정도로 사람이 변화되는 것은 어렵습니다. 우리가 가지고 있는 삶의 태도나 생각은 잘 변하지 않습니다. 아무리 감동적이고 훌륭한 설교와 권면도 듣는 이의 마음을 변화시키고 삶을 바꾸는 데는 분명 한계가 있습니다.

그러나 하나님은 하실 수 있습니다. 하나님만이 하실 수 있습니다. 우리가 하나님의 부르심에 순종하여 기도할 때, 하나님은 반드시 우리로 하여금 기도의 능력을 체험케 하십니다. 우리의 삶 가운데 하나님께서 행하시는 기도의 능력이 나타나기 위해서는 오늘의 성경에 나타나는 야곱의 기도를 잘 이해하고 행해야 합니다.

이제 야곱은 자신이 떠나왔던 고향으로 다시 돌아가야만

했습니다. 주변의 시기와 질투로 인해서 더 이상 그곳에 머물 수가 없었습니다. 어쩔 수 없이 과거 자신이 야반도주했던 아버지의 집으로 돌아가는 중입니다. 하지만 홀로 도망쳤던 그때와는 비교가 안 되게 상황이 달라졌습니다. 아내가 네 명이 있었고, 아들이 열한 명에 딸도 한 명 있었습니다. 외적인 조건으로 본다면, 이만하면 엄청나게 성공한 인생입니다.

혈혈단신으로 고향을 떠나서 20여 년 만에 이 정도 성공했으면, 금의환향이라고 할 수 있습니다. 그러나 그의 주변에는 그를 반겨주고 축하해 주는 이가 한 명도 없습니다. 야곱은 지금 홀로 남았습니다. 고향에 가까이 갈수록 마음이 설레고 기뻐야 하는데, 야곱의 마음은 도리어 점점 두렵고 답답해졌습니다. 그동안 해결하지 못했던 형 에서와의 문제 때문이었습니다. 형을 속이고 장자권을 빼앗았던 과거의 그 일이 지금까지도 해결되지 않았던 것입니다.

우리가 인생을 살아가면서 어떤 문제를 깨달았을 때 바로 그때 기도해야 합니다. 그 기회를 놓치고 자꾸 때를 미루다 보면, 그 문제로 인해서 미처 생각지 못했던 더 큰 문제가 생겨납니다. 그래서 결국 온 가정과 공동체가 감당하기 어려운 큰 피해를 초래하게 됩니다.

야곱은 미처 몰랐을 것입니다. '시간이 지나면 나아지겠지.' '내가 성공하면 해결되겠지.' 그렇게 생각했을 것입니다. 그래서 '다음에 기도하지.' '상황이 나아지면 기도하지' 미루었을 것입니다. 그러나 우리가 분명 깨달아야 할 것은 지금 기도하지 않으면 시간이 지난다고 해결되지 않는다는 것입니다. 기도하지 않으면, 아무리 세상에서 성공한다고 해도 그 문제가 저절로 해결되는 것이 결코 아닙니다.

야곱은 이제 더는 미룰 수 없는 마지막 때, 절체절명의 순간에야 비로소 이것을 깨달았습니다. 사실 늦어도 너무 늦었습니다. 그러나 '늦었다고 생각할 때가 가장 빠른 때다'라는 말이 있는 것처럼, 우리 생각에는 너무나 늦은 기도였지만, 놀랍게도 이 기도가 야곱의 인생을 두려움과 절망의 자리에서 다시금 하나님을 만나는 축복의 통로가 되었습니다.

그렇다면 야곱이 어떻게 기도했을까요? 그가 어떻게 기도했기에, 하나님께서 그의 문제를 해결해 주시고 그에게 복을 주셨을까요? 야곱은 생사를 걸고 자신의 온 힘을 다해서 하나님께 매달려 기도했습니다. 자신을 찾아온 그 사람이 바로 과거 벧엘에서 만났던 하나님이심을 직감하고 자신의 모든 것을 걸고 그를 붙잡고 간구했던 것입니다.

밤이 새도록 그와 씨름하며 기도할 때, 놀라운 일이 일어났습니다. 하나님이신 그 사람이 야곱과의 씨름에서 밀리게 됩니다. 호세아 선지자는 이때의 상황을 이렇게 표현하고 있습니다.

"야곱은 … 힘으로는 하나님과 겨루되 천사와 겨루어 이기고 울며 그에게 간구하였으며" (호 12:3-4)

겉으로 보기에는 마치 야곱과 하나님과의 대등한 씨름 같아 보이지만, 죽을 힘을 다하고 있는 야곱을 긍휼히 여기신 하나님께서 짐짓 져 주신 것입니다. 야곱은 처음에는 그 사람을 넘어뜨리고 이기고자 씨름을 시작했을 것입니다.

그러나 씨름을 통해서 하나님의 그 사랑을 몸소 느끼게 되면서 어느 순간부터 하나님을 부둥켜안고 울며 간구했습니다. '하나님, 제가 잘못 살았습니다. 한 번만 살려 주십시오.' 하나님의 품에 매달려서, 그는 어린 소년처럼 울며 간구했던 것입니다.

이것이 바로 하나님께 응답받고 복을 받는 기도의 비결입니다. 생사를 걸고 하나님과 씨름하는 기도, 하나님이 해결해 주시지 않으면 다른 방법이 없음을 고백하는 기도, 그래서 하나님께 부르짖을 수밖에 없고 온몸과 힘을 다할 수밖에 없는 기도입니다.

이것이 바로 기도의 본성이요 기초라고 할 수 있는 야성(野性)입니다. 예전에는 기도하는 사람이라면 산기도를 많이 다녔습니다. 깊은 산에 들어가서 튼튼한 나무를 붙들고 온몸과 힘을 다해서 부르짖으며 기도했습니다. 그 나무가

뽑힐 때까지 기도한다는 각오로 그렇게 기도하던 때가 있었습니다.

그런데 언제부터인지 우리는 기도의 야성을 잃어버렸습니다. 기도하는데 체면을 생각하고 하나님보다 사람을 더 의식합니다. 이제는 기도의 야성을 회복해야 할 때입니다. 이 회복은 오직 기도만이 내가 살 수 있는 길임을 깨달을 때 가능합니다.

온몸과 힘을 다해서 기도할 때, 이제 더는 미룰 수 없는 절체절명의 순간임을 깨닫고 오직 하나님만 붙잡고 부르짖을 때, 하나님은 우리를 긍휼히 여기시고 우리에게 져주실 것입니다. 우리가 힘이 있고 능력이 있어서가 결코 아닙니다. 기도의 능력을 체험케 하시기 위해서입니다. 그렇게 하나님은 야곱에게 밤이 새도록 붙잡히셔서 그에게 져주셨습니다.

하나님께서 우리가 자신의 한계를 깨닫고 전심으로 회개하며 간구할 수 있도록 기회를 주셨던 것입니다. 마치 어린 아들과 팔씨름하는 아버지가 자신의 힘을 다하는 척하면서 져주는 것처럼, 그 씨름을 이끌고 가신 분은 하나님이셨습니다.

하나님의 사랑과 자비가 아니었다면, 결코 살아남을 수 없었던 그 씨름이 끝나자 야곱은 허벅지 관절이 어긋난 상태로 탈진하고 말았습니다. 그런데 바로 그때 하나님은 야곱에게 새 이름을 주셨던 것입니다.

"다시는 야곱이라 부를 것이 아니요 이스라엘이라 부를 것이니" (창 32:28)

'이스라엘'이라는 이름은 '하나님과 씨름해서 이긴 사람'이라는 뜻입니다. 야곱이 힘이 세서 하나님을 이긴 것이 아니라, 생사를 걸고 부르짖는 야곱에게 하나님이 져주셨던 것입니다. 야곱은 하나님과 씨름하는 이 기도를 통해서, 그동안 자신의 힘으로 이루었다고 자랑하고 의지했던 그의 모든 것을 다 하나님 앞에 내려놓았습니다.

오늘 우리에게도 하나님과 씨름하는 야곱의 기도가 필요한 때입니다. 내 삶의 문제를 내가 스스로 해결할 수 없음을 깨닫고 하나님께 기도해야 합니다. 온몸과 힘을 다하여 하나님께 부르짖어야 합니다. 그러할 때 하나님께서 모든 문제를 해결해 주시고 기도의 능력으로 살아가는 복된 삶이 되게 하실 것입니다.

지금 감당하기 어려운 문제가 생겼다고 낙심하거나 좌절하지 마십시오. 야곱처럼, 온몸과 힘을 다해서 하나님과 씨름하며 기도하십시오. 내 뜻을 관철하기 위해서가 아니라, 오직 하나님만을 붙잡고 하나님의 뜻에 순종하고자 부르짖어 기도하십시오. 긍휼과 자비의 하나님께서 반드시 그 기도에 응답하셔서 풍성한 은혜와 형통함의 복을 주실 것입니다.

02

모세, 순종하는 기도자

²²모세가 여호와께 돌아와서 아뢰되 주여 어찌하여 이 백성이 학대를 당하게 하셨나이까 어찌하여 나를 보내셨나이까 ²³내가 바로에게 들어가서 주의 이름으로 말한 후로부터 그가 이 백성을 더 학대하며 주께서도 주의 백성을 구원하지 아니하시나이다 ¹여호와께서 모세에게 이르시되 이제 내가 바로에게 하는 일을 네가 보리라 강한 손으로 말미암아 바로가 그들을 보내리라 강한 손으로 말미암아 바로가 그들을 그의 땅에서 쫓아내리라 ²하나님이 모세에게 말씀하여 이르시되 나는 여호와이니라 ³내가 아브라함과 이삭과 야곱에게 전능의 하나님으로 나타났으나 나의 이름을 여호와로는 그들에게 알리지 아니하였고 ⁴가나안 땅 곧 그들이 거류하는 땅을 그들에게 주기로 그들과 언약하였더니 ⁵이제 애굽 사람이 종으로 삼은 이스라엘 자손의 신음 소리를 내가 듣고 나의 언약을 기억하노라 ⁶그러므로 이스라엘 자손에게 말하기를 나는 여호와라 내가 애굽 사람의 무거운 짐 밑에서 너희를 빼내며 그들의 노역에서 너희를 건지며 편 팔과 여러 큰 심판들로써 너희를 속량하여 ⁷너희를 내 백성으로 삼고 나는 너희의 하나님이 되리니 나는 애굽 사람의 무거운 짐 밑에서 너희를 빼낸 너희의 하나님 여호와인 줄 너희가 알지라

/ 출애굽기 5:22-6:7 /

모세는 전통적으로 구약을 대표하는 인물입니다. 그만큼 많은 이들이 모세를 신앙의 위대한 인물로 여기고 그의 인생을 부러워합니다. 그의 대표성은 유대인들이 가장 중요하게 여기는 구약성경의 처음 다섯 권의 책을 '모세 오경'이라고 부른다는 것에서 잘 드러납니다.

모세의 인생은 출생에서부터 하나님의 특별하신 계획과 보호하심 가운데 시작되었습니다. 애굽의 왕궁에서 자라면서 지도자에게 필요한 교육과 양육을 받게도 하셨습니다. 의분을 참지 못하고 애굽 사람을 쳐 죽이는 살인 사건을 일으켰을 때도, 하나님은 그를 미디안으로 피하게 하셔서 그곳에서 하나님의 돌보심 가운데 가정을 이루며 살게 하셨습니다.

이처럼 모세는 태어나면서부터 언제나 하나님의 돌보심과 인도하심 가운데 있었으며, 하나님은 그에게 이스라엘을 구원하시고자 하는 계획까지도 직접 알려주셨습니다. 그 사건이 바로 하나님의 산 호렙에서 일어났습니다.

하나님은 떨기나무에 불이 붙게 하시고, 놀랍게도 그 나무가 타지 않는 이적을 보여주십니다. 그리고 "모세야, 모세야" 친히 부르시며 그에게 사명을 주셨습니다. 그 사명은 바로 애굽에서 억압과 학대받고 있는 이스라엘 백성을 구원하는 것이었습니다.

신실한 신앙을 가진 사람에게 하나님께서 이적을 보여주시고 친히 부르시고 사명을 주신다면, '예, 알겠습니다. 하나님께서 감당케 하실 줄로 믿습니다.'라고 순종했을 것입니다. 하지만 모세는 그렇지 못했습니다. 오히려 실망스러운 반응을 보입니다

"내가 누구이기에 바로에게 가며 이스라엘 자손을 애굽에서 인도하여 내리이까" (출 3:11)

모세의 이러한 반응은 겸손이라기보다는, 아직 하나님의 능력을 신뢰하지 못했기 때문입니다. 모세는 하나님의 일에 내가 선택되었다고 기뻐하고 감사하기보다는 현실적인 문제에 대한 염려와 걱정이 더 컸던 것 같습니다.

삶의 현실을 무시하라는 말이 아닙니다. 우리는 삶의 문제와 내 능력의 한계를 분명히 인식해야 합니다. 그러나 그것이 하나님의 능력을 제한하는 것이 되어서는 안 됩니다. 도리어 그 문제와 능력의 한계를 깨달음으로써 하나님을 찾는 자가 되어야 합니다. 인간은 자신의 연약함과 부족함을 하나님께 겸손히 고백하며 기도할 때 하나님께서는 놀라운 행하심으로 응답해 주실 것입니다.

"내가 반드시 너와 함께 있으리라" (출 3:12)

현실에 대한 염려 가운데 있던 모세에게 하나님은 분명히 약속하십니다. 하나님은 결코 우리를 홀로 두지 않으십니다. 어떠한 고난과 역경 가운데도, 어떠한 질병과 고통의 자리에도, 임마누엘 하나님은 언제나 우리와 함께하십니다. 그것이 바로 기도하는 자의 간증이 되는 믿음의 삶입니다.

모세를 향한 하나님의 돌보심은 이것으로 끝나지 않았습니다. 여전히 두려움 가운데 있는 모세에게 하나님은 능력의 지팡이도 주셨습니다. 또한 형 아론을 붙여 주시면서 그 입에 친히 함께하시겠다고 약속하셨습니다.

많은 이들이 모세를 부러워할 만합니다. 성경에서 이보다 더 많은 하나님의 돌보심을 받은 인물이 있을까 싶을 정도입니다. 그런데 오늘의 성경에 보면, 모세는 그럼에도 불구하고 하나님을 원망합니다.

"주여 어찌하여 이 백성이 학대를 당하게 하셨나이까 어찌하여 나를 보내셨나이까" (출 5:22)

모세가 바로에게 가서 주의 이름으로 말한 뒤부터 이스라엘이 당하던 그 학대가 더 심해졌습니다. 예전에는 벽돌 만드는 일을 하면서 그 재료가 되는 짚을 받았었는데, 모세가 바로 왕에게 가서 하나님을 예배하러 가게 해달라고 요구한 후로는 짚을 받지도 못하고 스스로 마련해야 했습니다. 물론, 이전과 동일한 양의 벽돌을 만들어야 했습니다.

노동의 강도와 고통이 더 심해졌습니다. 불평과 원성이 당연히 모세를 향할 수밖에 없었습니다. 사실 모세에게 무슨 잘못이 있습니까? 모세는 하나님께서 명하신 대로 한 것뿐입니다.

신앙생활을 하다 보면, 말씀에 순종한다고 하다가 혹은 말씀대로 살겠다고 하다가 도리어 오해를 받거나 어려움을 당할 때가 있습니다. 이때 어떻게 하느냐가 참 중요합니다. 이해할 수 없는 고난을 당했다고 생각이 되면, 신앙의 큰 회의와 좌절에 빠지기가 쉽기 때문입니다.

그럴 때일수록 기도해야 합니다. 오해를 풀겠다고, 불평하는 이들에게 곧바로 반박하거나 해명하는 것은 좋은 방법이 아닙니다. 억울할수록, 사람들이 몰라줄수록, 내게 말씀하신 하나님께 기도해야 합니다.

모세처럼 하나님을 원망할 수도 있습니다. 그렇지만 지금 내가 당하는 상황이 억울하고 도저히 이해할 수 없다고 하나님을 떠나서는 안 됩니다. 하나님이 지금까지 우리를 어떻게 돌보시고 인도해 오셨습니까? 모세만이 아닙니다.

하나님은 우리 한 사람 한 사람을 태어나면서부터 지금까지 매순간 보호하시고 한없는 은혜를 베풀어 주셨습니다.

진정한 믿음은 억울함을 당해도 끝까지 하나님을 신뢰하는 것입니다. 말씀에 순종하는 사람은 순종하는 그 삶에서 기쁨을 얻고 그 삶 자체로 만족해야 합니다. 순종의 결과로 내가 원하는 것을 얻고자 하면 안 됩니다.

순종의 결과로 내가 원하는 것을 얻고자 한다면, 그것은 순종이 아니라 하나님과 거래를 하는 것입니다. '내가 이만큼 하겠습니다. 그러니 하나님은 저에게 이만큼 주셔야 합니다.' 순종이 목적이 되어야지 순종이 복을 받기 위한 수단이 되어서는 안 됩니다.

하나님은 우리의 상상을 초월하는 놀라운 복을 주시는 분입니다. 복의 근원이신 하나님께서 순종하는 자를 위해서 예비하고 계시는 그 복을 우리가 먼저 제한하거나 요구하는 것은 어리석고 교만한 일입니다.

'나는 순종했는데, 어떻게 어려움을 당할 수 있습니까?' 원망하면서 하나님을 떠나는 것은 아직 순종을 온전히 깨닫지 못했기 때문입니다. 진정한 순종은 하나님께 쓰임 받을 수 있다는 것에 기뻐하고 감사하는 것입니다. 그 모든 과정과 결과도 하나님께 모두 맡기는 것이 참된 순종입니다.

모세가 여호와께 돌아와서 기도했을 때, 하나님은 그의 마음을 어루만져 주시면서 크고 은밀한 일을 알려주셨습니다.

"이제 내가 바로에게 하는 일을 네가 보리라 강한 손으로 말미암아 바로가 그들을 보내리라 강한 손으로 말미암아 바로가 그들을 그의 땅에서 쫓아내리라" (출 6:1)

살다가 뜻밖의 어려움을 당할 때가 있습니다. 말씀대로 행하다가, 믿음대로 살다가 억울함을 당했다면 결코 낙심하거나 좌절하지 마십시오. 하나님 앞에 그 상한 마음을 다 토로하며 부르짖어 기도하십시오. 모든 것을 아시는 하나님께서 그 마음을 어루만져 주실 뿐만 아니라, 앞으로 행하실 하나님의 놀라운 구원의 계획을 보게 하실 것입니다.

기도의 사람은 삶의 모든 문제를 하나님만이 해결해 주실 수 있다고 믿는 사람입니다. 기도의 사람은 어떠한 상황에서도 하나님을 신뢰합니다. 그래서 우리는 하나님 앞에 더욱 철저히 엎드려야 합니다. 지금 당장은 이해할 수 없어도, 선하시고 인자하심이 영원하신 하나님께 순종해야 합니다.

'순종했을 뿐인데, 말씀대로 살고자 했는데 왜 이런 일이 생깁니까?'라는 원망의 마음이 들어도 하나님을 떠나지 말고 기도해야 합니다. 이것이 바로 하나님의 부르심을 받고 하나님의 일을 감당해가는 기도자의 모습입니다.

때로는 답답하고 억울하고 아무도 알아주지 않아도 임마누엘 하나님의 동행하심과 인도하심을 믿고 끝까지 기도하며 인내함으로 순종하는 자가 되어야 합니다. 그럴 때 하나님께서 예비하신 형통함의 복을 누리는 믿음의 주인공이 되게 하실 것입니다.

03

한나, 상한 심정을 토로하는 기도자

⁵한나에게는 갑절을 주니 이는 그를 사랑함이라 그러나 여호와께서 그에게 임신하지 못하게 하시니 ⁶여호와께서 그에게 임신하지 못하게 하시므로 그의 적수인 브닌나가 그를 심히 격분하게 하여 괴롭게 하더라 ⁷매년 한나가 여호와의 집에 올라갈 때마다 남편이 그같이 하매 브닌나가 그를 격분시키므로 그가 울고 먹지 아니하니 ⁸그의 남편 엘가나가 그에게 이르되 한나여 어찌하여 울며 어찌하여 먹지 아니하며 어찌하여 그대의 마음이 슬프냐 내가 그대에게 열 아들보다 낫지 아니하냐 하니라 ⁹그들이 실로에서 먹고 마신 후에 한나가 일어나니 그 때에 제사장 엘리는 여호와의 전 문설주 곁 의자에 앉아 있었더라 ¹⁰한나가 마음이 괴로워서 여호와께 기도하고 통곡하며 ¹¹서원하여 이르되 만군의 여호와여 만일 주의 여종의 고통을 돌보시고 나를 기억하사 주의 여종을 잊지 아니하시고 주의 여종에게 아들을 주시면 내가 그의 평생에 그를 여호와께 드리고 삭도를 그의 머리에 대지 아니하겠나이다

/ 사무엘상 1:5-11 /

사무엘이 태어나 자라던 때는 일상의 모든 영역에서 죄악이 만연했던 시대였습니다. 하나님의 말씀을 들으려고 하지 않고, 미래에 대한 이상은 보이지 않았던, 영적 암흑의 시절이었습니다. 이러한 시대에 어떻게 사무엘과 같은 훌륭한 인물이 나올 수 있었을까요? 그 이유는 바로 그의 어머니 한나의 기도가 있었기 때문입니다.

한나의 기도가 없었다면, 하나님의 사람 사무엘도 없었을 것입니다. 사무엘은 어머니 한나의 눈물 어린 기도 가운데 잉태되어 태어났고, 어머니의 기도로 인해서 세상 유혹에 빠지지 않고 성별된 삶을 살 수 있었습니다.

어머니의 기도는 이토록 대단한 것입니다. 지금 당장은 큰 영향을 미치는 것 같지 않지만, 인생의 중요한 고비고비마다 믿음의 자녀는 자신을 위해서 눈물 흘리신 어머니의 기도를 기억하게 됩니다. 하나님은 자녀를 위해서 눈물로 기도하는 어머니의 간구를 들으시고 반드시 응답해 주십니다.

사실 한나가 사무엘을 낳기까지는 쉽지 않았습니다. 그녀는 아기가 생기지 않는 불임증을 가진 여인이었습니다. 당시에 아내가 아기를 낳을 수 없으면 집안에서 쫓겨나가기도 했습니다.

다행히 한나는 남편으로부터 사랑을 받았습니다. 하지만 한나는 자녀가 없는 여인으로서 극복하기 어려운 고통스러운 삶을 살아가야 했습니다. 남편 엘가나의 사랑도 자녀를 원하는 한나의 마음을 채워 줄 수가 없었습니다.

더군다나 남편의 다른 아내인 브닌나가 자기가 낳은 자녀를 자랑하면서 한나의 심기를 자극했습니다. 자녀가 없는 한나를 의도적으로 괴롭게 만들고 격분하게 만들었습니다. 한나는 이중, 삼중으로 고통을 당하면서도 기대어 위로를 받을 곳이 없었습니다.

이러한 상황 속에서, 한나는 브닌나와 싸우거나 남편을 힘들게 하는 대신에 하나님께 나아가 자신의 상한 마음을 토로하며 기도했습니다. 당시 여인이 공적인 자리에서 기도한다는 것은 결코 쉬운 일이 아니었습니다. 어떤 문제가 생겼을 때, 하나님께 그 문제를 가지고 나아가 기도하기보다는 다른 사람들에게 알려질까 봐 참고 드러내지 않는 것이 일반적이었습니다.

괜히 공적인 자리에서 기도하다가, 가정의 문제만 알려져서 오히려 가정불화만 더 커질 수 있기 때문입니다. 그래서 여인이 이처럼 기도의 자리에 나온다는 것부터가 쉽지 않았습니다.

따라서 제사장이 간절함으로 하나님께 기도하는 한나의 모습을 보았을 때 그녀가 술에 취한 것으로 오해하기 쉬웠을 것입니다. 보통의 여인이었다면, 그렇게 기도하기보다는 자신의 처지를 비관하면서 가족과 남편을 더 힘들게 하는 불행한 인생을 살았을 것입니다.

하지만 한나는 자신의 원통함을 다른 사람들에게 화풀이 하는 자가 아니라, 모든 것을 하나님께 토로하는 기도자였습니다. 사람은 알아주지 않더라도, 하나님은 모든 것을 알아주시고 해결해 주실 것을 믿고 주의 전에 나아와 간절함으로 간구했던 것입니다.

제사장은 그러한 그녀를 술 취한 여인으로 오해하고 질책했습니다. 그때 한나는 담대하게 이렇게 말했습니다.

"나는 마음이 슬픈 여자라 포도주나 독주를 마신 것이 아니요 여호와 앞에 내 심정을 통한 것뿐이오니 당신의 여종을 악한 여자로 여기지 마옵소서 내가 지금까지 말한 것은 나의 원통함과 격분됨이 많기 때문이니이다" (삼상 1:15-16)

기도란 기쁨과 감사를 표현하는 것일 뿐만 아니라, 마음이 상하고 슬픈 자가 하나님 앞에서 자신의 그 심정을 있는 그대로 토로하는 것이기도 합니다. 유창한 어휘나 말솜씨가 있어야 하는 것이 아닙니다. 때로 너무나 원통하고 분하면 말조차 나오지 않습니다. 그저 하나님 앞에 눈물로 가슴을 치며 그 심정을 하나님께 토로하는 것이 바로 한나의 기도였습니다.

한국교회의 역사를 보면, 1970-1980년대에 기도 운동이 가장 활발하게 일어났습니다. 왜 그랬을까요? 그 이유를 분석해 보았더니, 먹고 살기가 힘들고, 부모의 능력으로는 자녀들에게 해 줄 것이 별로 없었기 때문이었습니다. 스스로 해 줄 수 없는 그 한계를 너무나 잘 알았기 때문에, 하나님의 도우심을 간절하게 구하고자 전심으로 기도했던 것입니다. 내 능력으로는 한계가 있다는 것을 알았기 때문에 기도에 매달린 것입니다.

그 시대의 어머니들은 모두 한나의 심정으로 기도했습니다. 그러나 요즘은 어떻습니까? 기도하기 전에 도움을 구할 사람부터 찾아갑니다. 이것은 순서가 잘못된 것입니다. 오늘의 성경 6절에 보면, 이렇게 기록하고 있습니다.

"여호와께서 그에게 임신하지 못하게 하시므로…" (삼상 1:6)

한나에게 임신하지 못하게 하신 분은 하나님이시라고 말합니다. 그의 삶에 하나님의 계획과 뜻이 먼저 있으시다는 것입니다. 우리 인생에서 때로 뭔가에 가로막힐 때, 뭔가 풀리지 않고 힘들 때, 그 안에 내가 깨닫지 못한 하나님의 계획이 있지 않은지 잘 분별해야 합니다.

나는 정말 최선을 다하는데, 그 삶에 열매가 없고 보람이 전혀 없다면, 먼저 기도함으로 하나님의 다른 계획과 인도하심이 있는지를 잘 살펴야 합니다. 사람의 길이 막힐 때는 '쉬지 말고 기도하라'는 하나님의 요청일 수 있다는 것을 기억해야 합니다.

하나님께서 한나를 임신하지 못하게 한 것은 그녀를 힘들게 하기 위해서가 아니라, 하나님의 사람, 사무엘을 예비하여 두셨기 때문입니다. 한나가 기도할 때 그 기도에 응답하시고자 하나님은 먼저 준비하고 계셨습니다.

하나님은 우리의 기도에 응답하시고자 미리 예비하고 계시는 분입니다. 따라서 우리의 기도보다 언제나 하나님의 계획과 뜻이 항상 먼저입니다.

한나는 너무나 원통해서 처음에는 아들을 얻고자 하는 마음으로 기도했습니다. 그런데 기도하다 보니까 기도하는 그 과정 가운데 자신의 기도가 하나님의 뜻을 구하는 기도가 아니라, 자신의 소원과 자신의 욕심을 채우는 기도라는 것을 깨달았습니다.

한나는 그제서야 하나님의 계획을 생각합니다. 자신의 아들이 아니라, 하나님의 사람을 원하시는 그 뜻을 알게 되었습니다. 그래서 한나는 아들을 주시면 하나님께 드리겠다는 서원을 하게 됩니다.

서원은 내가 원한다고 내 뜻대로 하는 것이 아닙니다. 서원은 하나님의 요청임을 깨달을 때 가능한 것입니다. 때로 열심히 기도하는데 자신은 응답받지 못한다고 여기는 경우가 있습니다. 하나님의 뜻에는 관심을 가지지 않고, 내 뜻만 주장하기 때문입니다. 내 뜻과 다르면 응답받지 못한 것이라고 여기기 때문입니다.

응답받는 기도는 나의 뜻보다는 하나님의 뜻을 묻는 기도입니다. 기도의 사람은 하나님의 뜻에 따라 내 뜻을 바꿀 수 있어야 합니다. 내 유익을 위해서 내 마음대로 바꾸는 것이 아닙니다. 내 상황과 내 감정으로는 도저히 그렇게 할 수 없지만, 그러함에도 하나님이 원하시기에 하나님의 뜻에 순복하는 것입니다.

우리는 언제나 하나님의 뜻이 먼저가 되는 기도의 사람이 되어야 합니다. 기도할 때 간절함으로 부르짖어 기도하는 것이 필요합니다. 그러나 그 기도가 나의 뜻을 관철하고자 하는 기도가 아니라, 나를 향하신 하나님의 뜻이 먼저이고, 그 계획을 묻는 기도가 되어야 합니다.

한나가 자신의 뜻이 아니라 하나님이 뜻을 깨닫고자 기도하자 그녀는 비로소 아들을 얻었습니다. 그리고 그 이름을 '사무엘'이라고 지었습니다. '하나님이 주신 아들'이라는 뜻입니다. 어머니의 이 기도와 이 믿음의 고백이 훗날 사무엘이 그 시대의 마지막 사사로서 하나님께 잘 쓰임을 받도록 했습니다.

오늘 이 시대에도 사무엘과 같은 믿음의 인물들이 많아져야 합니다. 그러기 위해서는 어머니들이 기도해야 합니다. 자녀들을 위해서 부모들이 눈물로 기도해야 합니다. 세상 속에서 자녀의 성공을 바라는 욕망의 기도가 아니라, 오직 하나님이 주신 자녀임을 깨닫고 자녀의 앞길을 하나님께 맡기는 기도가 되어야 합니다.

우리는 우리의 자녀가 하나님이 주신 가장 귀한 선물임을 고백하며 기도해야 합니다. 이렇게 고백하고 기도할 때 하나님께서 우리의 자녀를 부모의 기쁨이 되게 하시고 하나님께 영광 돌리게 하는 자녀 되게 하실 것입니다.

04

여호사밧, 포기하지 않는 기도자

⁹이스라엘 왕과 유다 왕과 에돔 왕이 가더니 길을 둘러 간 지 칠 일에 군사와 따라가는 가축을 먹일 물이 없는지라 ¹⁰이스라엘 왕이 이르되 슬프다 여호와께서 이 세 왕을 불러 모아 모압의 손에 넘기려 하시는도다 하니 ¹¹여호사밧이 이르되 우리가 여호와께 물을 만한 여호와의 선지자가 여기 없느냐 하는지라 이스라엘 왕의 신하들 중의 한 사람이 대답하여 이르되 전에 엘리야의 손에 물을 붓던 사밧의 아들 엘리사가 여기 있나이다 하니 ¹²여호사밧이 이르되 여호와의 말씀이 그에게 있도다 하는지라 이에 이스라엘 왕과 여호사밧과 에돔 왕이 그에게로 내려가니라

/ 열왕기하 3:9-12 /

우리 인생의 주관자이신 하나님은 날마다 우리를 기도의 자리로 부르십니다. 우리를 기도의 자리로 부르시는 이유는 내 뜻보다 하나님의 뜻을 먼저 구하게 하시고, 내 수고가 아니라 하나님의 은혜로 살아간다는 것을 깨닫게 하시기 위해서입니다.

'어떻게 기도해야 하는가?'와 같은 기도의 방법을 아는 것은 중요합니다. 하지만 기도에 있어서 가장 기본이 되고 더 중요한 것은 기도는 나의 일이 아니라 하나님의 일이라는 것을 깨닫는 것입니다.

기도가 하나님의 일이라는 것을 알게 되면, 기도생활에 큰 변화가 생깁니다. 하나님의 일을 대충할 수는 없습니다. 무엇보다 기도의 목표가 분명해집니다. 어떤 일에든지 그 목표가 분명해야 합니다. 목표가 분명하지 않으면, 목표를 향한 과정이 잘 진행되지 않습니다. 상황에 따라서 하다 말다하다가 결국 흐지부지 끝나게 됩니다. 무엇을 위해서 기도해야 하는지, 언제까지 얼마나 기도해야 하는지와 같은 목표가 분명하지 않기 때문입니다.

기도가 나를 통한 하나님의 일이라는 것을 깨닫게 되면, 첫째로 기도가 반드시 응답된다는 것을 믿게 됩니다. 즉 기도 응답의 목표가 보이게 됩니다. 목표가 보이게 되면 더욱 최선을 다할 수 있게 됩니다.

등산을 하다 보면, 산 정상이 저쪽 멀리에 있을 때는 가야 할 길이 너무 멀고 막연하게 여겨집니다. 하지만 정상이 바로 눈앞에 보이게 되면, 힘들어도 끝까지 참고 견딜 수 있습니다.

기도도 마찬가지입니다. 기도가 하나님의 일이라는 것을 깨닫고 체험하게 되면, 기도 응답의 확신을 가지게 되고, 기도의 목표가 분명해지면 포기하지 않게 되고, 쉬지 않고 날마다 기도할 수 있게 됩니다.

둘째로, 기도가 하나님의 일이라는 것을 알게 되면 기도에 자신감이 생깁니다. 기도한다고 하면서도 때로 우리의 마음에 염려와 근심이 생기게 되는 것은 기도에 대한 확신과 자신감이 없기 때문입니다.

우리는 은연중에 '내가 기도해도 소용없지 않을까?' 하고 생각하기도 합니다. 그러나 하나님의 일로 여기고 하나님의 일을 위해서 기도하게 되면 기도에 확신과 자신감이 생기는 큰 변화가 있게 됩니다.

셋째로, 기도가 하나님의 일이라는 것을 깨닫게 되면 기도를 내 삶의 최우선순위로 두게 되고 기도에 집중할 수 있게 됩니다. 현대인들은 바쁜 일상으로 인해서 시간을 구별해서 기도하기가 쉽지 않습니다. 기도가 중요하다는 것을 알면서도, 날마다 기도하기가 어렵다고 말합니다.

그러나 기도가 하나님의 일이라는 그 귀한 가치를 깨닫게 되면, 아무리 바쁘더라도 기도할 수밖에 없고, 기도에 더욱 집중하게 됩니다. 중요한 일이라면 우리가 어떠한 경우라도 해야 하지 않습니까?

기도가 우리 인생에서 중요한 일이 되어야 합니다. 그저 막연히 중요한 것이 아니라, 기도는 하나님의 일이기 때문에 중요한 것입니다. 기도는 우리를 위해서 크고 은밀한 일을 행하시는 하나님의 계획과 섭리를 우리로 하여금 알게 하시는 것이기 때문입니다.

그런데 때때로 하나님은 하나님의 그 일을 나 홀로, 나 자신만이 아니라, 다른 사람을 통해서도 알 수 있게 하십니다. 내가 미처 깨닫지 못할 때, 내가 기도할 수 없을 때, 나를 위해서 기도해 줄 수 있는 동역자 즉 기도의 중보자가 있어야 하는 이유입니다.

오늘의 성경에 보면, 세 왕이 등장합니다. 이스라엘 왕, 유다 왕, 에돔 왕이 함께 길을 떠났습니다. 이스라엘을 배반한 모압을 치기 위해서, 유다와 에돔이 뜻을 함께한 것입니다.

그런데 그렇게 의기투합해서 모압을 치기 위해 광야 길로 떠난 지 칠일 만에 그들 수중에 가져온 물이 다 떨어졌습니다. 이 동맹을 주도했던 이스라엘 왕, 여호람은 낙담했습니다. 10절 말씀에서 그는 이렇게 탄식합니다.

"슬프다 여호와께서 이 세 왕을 불러 모아 모압의 손에 넘기려 하시는도다" (왕하 3:10)

원래 그들의 계획은 언제나 물이 흘러넘치는 아사의 골짜기에 도착해서, 거기에서 그들에게 필요한 물을 충분히 얻는 것이었습니다. 상식적으로도, 그동안의 경험상으로도, 이것은 전혀 문제 될 것이 없는 훌륭한 계획이었습니다.

그러나 이게 웬일입니까? 그들의 예상과 기대와는 달리, 막상 그곳에 도착해 보니 풍부해야 할 물이 완전히 말라 있었습니다. 다른 대안도 없었습니다. 만약을 대비한 플랜B도 준비하지 않았습니다.

왔던 길을 다시 돌아갈 수도 없는 상황이고, 게다가 그들 앞에는 모압의 군사들이 큰 성에 진을 치고 호시탐탐 그들을 노리고 있습니다. 제대로 한번 싸워보지도 못하고 이제 꼼짝없이 다 죽게 생긴 것입니다. 바로 그 때, 유다 왕 여호사밧이 선지자를 찾았습니다.

"여호사밧이 이르되 우리가 여호와께 물을 만한 여호와의 선지자가 여기 없느냐 하는지라" (왕하 3:11)

이 큰 위기 가운데 지금 그들이 어떻게 해야 살 수 있을지, 여호사밧은 여호와 하나님께 묻고자 했습니다. 그에게는 어떠한 위험 속에서도 하나님께서 도우시면 살 수 있다는 믿음이 있었던 것입니다. 그 믿음으로 지금 생사의 기로 가운데 있는 그들을 위해서 하나님께 그 뜻을 구하고 자신들에게 알려줄 선지자를 급히 찾았던 것입니다.

그 때 그들 곁에 있던 한 사람이 대답합니다.

"이스라엘 왕의 신하들 중의 한 사람이 대답하여 이르되 전에 엘리야의 손에 물을 붓던 사밧의 아들 엘리사가 여기 있나이다 하니" (왕하 3:11)

여호사밧은 이 사람의 말을 듣자마자 여호와의 말씀이 엘리사에게 있음을 확신하고는 곧바로 이스라엘 왕과 에돔 왕과 함께 그에게로 갑니다. 계획대로 되지 않고, 다른 대안도 없는 그 위기의 순간에 포기하지 않고 하나님의 뜻을 구하고자 했을 때 비로소 그들은 생명의 길을 발견하게 됩니다.

그런데 여기서 우리가 주목해야 할 것이 있습니다. 선지자 엘리사가 여기 있다는 것을 알려 준 그 사람이 누구인가 하는 것입니다. 그는 여호사밧의 신하가 아니었습니다. 수중에 물이 떨어지자마자 낙심하며 한탄했던, 바로 그 이스라엘 왕 여호람의 신하였습니다.

여호람은 그러한 지혜로운 신하를 바로 곁에 두고도 그의 존재를 알지 못했습니다. 여호람은 평소에 기도하지 않았고, 주의 종과 가까이 하지 않았기 때문입니다. 따라서 위기의 그 순간에, 그는 하나님의 뜻을 구하기보다는 지금 당장 눈에 보이는 것에 좌절하고 절망한 것입니다.

우리에게도 때로는 기도하기 어려운 급박한 위기의 순간에 나를 위해서 기도해 줄 사람이 있어야 합니다. 기도의 중보자에게 자신을 대신해서 기도를 부탁하려면, 평소 자신의 기도생활을 통해서 기도의 능력을 알아야 합니다. 기도의 능력을 아는 사람이 기도를 부탁할 수 있기 때문입니다.

이스라엘 왕, 여호람은 자신의 힘으로 감당하기 어려운 상황에서 하나님께 먼저 기도했어야 합니다. 하지만 그는 하나님의 도우심을 구하기보다는 자신의 목적을 이루기 위해서 이웃 왕들과 동맹을 맺고 그들의 도움을 얻고자 했습니다.

기도의 사람은 때로 고난을 당하고 스스로 감당하기 어려운 일을 당할 때, 무엇보다 먼저 하나님을 찾고 하나님의 도우심을 구해야 합니다. 사람의 도움은 잠깐입니다. 그것은 임시적이고 불완전합니다. 하나님의 도우심만이 근본적인 해결책임을 결코 잊지 말아야 합니다.

유다 왕 여호사밧은 바로 이것을 깨달았던 기도의 사람이었습니다. 비록 위기의 순간에 자신이 직접 다 기도하지는 못했지만, 여호와께 물을 만한 선지자를 먼저 찾았고, 그에게 말씀을 듣기 위해 다른 왕들을 이끌고 기도의 자리로 갔습니다.

우리에게도 여호사밧과 같은 기도의 사람이 있어야 합니다. 또한 우리 자신이 사랑하는 가족과 이웃들에게 여호사밧과 같이 어떠한 위기에도 포기하지 않는 기도의 사람이 되어야 합니다. 누군가를 위해서 기도를 부탁하고, 누군가를 위해서 기도해 줄 수 있는 사람이 오늘 이 시대에 더욱 필요합니다.

여호사밧 왕이 선지자 엘리사를 찾아가서 기도를 부탁했습니다. 엘리사는 하나님께서 주시는 말씀대로 그 골짜기에 개천을 많이 파라고 명했습니다. 그 말씀대로 그들이 순종하자 놀랍게도 그곳에 물이 다시 흘러넘쳤습니다.

다음 날 아침에, 멀리서 모압 군사들이 그곳을 바라보는데 그동안 없던 물에 아침 태양이 비치면서 그것이 마치 붉은 피처럼 보였습니다. 모압 군사들이 생각하기를, 연합군이 위기에 빠지자 서로 싸워서 피가 흐르는 줄로 착각하고 승리를 확신하며 성문을 열고 나왔습니다. 결국 연합군은 무방비로 들판으로 나온 모압군을 쉽게 물리쳤습니다.

여호사밧은 단지 지금 당장 마실 물을 구하기 위해서 기도를 부탁했을 뿐인데, 하나님은 그 부탁을 넘어 아예 모압 군사를 완전히 무찌르게 하셨고 결국 그들의 목적을 완전히 달성하게 해 주셨습니다.

하나님은 우리의 소원과 간구를 훨씬 더 초월하셔서 응답하시는 분이십니다. 우리는 지금 눈앞의 작은 문제 때문에 기도하는데, 그것도 때로 기도하지 못하고 그 문제로 기도를 부탁하는데, 그런데도 하나님은 그 기도에 응답하시고 차고 넘치는 은혜를 베풀어 주십니다.

여호사밧은 단지 마실 물을 얻기 위해서 기도를 부탁한 것뿐인데, 하나님은 그에게 아예 모압을 넘겨주셨습니다. 그가 자신의 계획을 이루기 위해서 열심히 기도했기 때문이 아닙니다. 그 일이 바로 하나님의 계획이요, 하나님의 일이었기 때문입니다.

하나님은 이미 그들을 위한 큰 계획을 세우시고, 그들에게 먼저 기도하게 하셨습니다. 기도에는 항상 하나님의 뜻과 계획이 먼저 있습니다. 하나님은 우리가 기도하는 중에 그것을 깨닫게 하시고 알게 하십니다. 기도하게 하시는 하나님은 이미 우리의 기도에 응답할 준비를 하고 계시는 것입니다.

여호사밧처럼, 어떠한 위기의 때에도 결코 포기하지 않고 하나님의 응답이 예비되어 있음을 믿고 기도하는 사람이 되어야 합니다. 포기하지 않고 기도할 때 하나님은 우리의 간구보다 더 크신 은혜로 우리에게 응답하실 것입니다.

05

히스기야, 은혜를 깨닫는 기도자

¹그 때에 히스기야가 병들어 죽게 되매 아모스의 아들 선지자 이사야가 그에게 나아와서 그에게 이르되 여호와의 말씀이 너는 집을 정리하라 네가 죽고 살지 못하리라 하셨나이다 ²히스기야가 낯을 벽으로 향하고 여호와께 기도하여 이르되 ³여호와여 구하오니 내가 진실과 전심으로 주 앞에 행하며 주께서 보시기에 선하게 행한 것을 기억하옵소서 하고 히스기야가 심히 통곡하더라 ⁴이사야가 성읍 가운데까지도 이르기 전에 여호와의 말씀이 그에게 임하여 이르시되 ⁵너는 돌아가서 내 백성의 주권자 히스기야에게 이르기를 왕의 조상 다윗의 하나님 여호와의 말씀이 내가 네 기도를 들었고 네 눈물을 보았노라 내가 너를 낫게 하리니 네가 삼 일 만에 여호와의 성전에 올라가겠고 ⁶내가 네 날에 십오 년을 더할 것이며 내가 너와 이 성을 앗수르 왕의 손에서 구원하고 내가 나를 위하고 또 내 종 다윗을 위하므로 이 성을 보호하리라 하셨다 하라 하셨더라 ⁷이사야가 이르되 무화과 반죽을 가져오라 하매 무리가 가져다가 그 상처에 놓으니 나으니라

/ 열왕기하 20:1-7 /

히스기야는 성경에 등장하는 여러 인물 가운데, 기도의 응답으로 생명을 연장 받은 대표적인 사람입니다. 그가 병들어 죽게 되었을 때, 하나님께 간절히 기도했더니 병이 치유되었고, 15년이나 더 생명을 연장 받아 살게 됩니다.

생명의 주인 되시는 하나님은 오늘도 우리의 삶을 주관하고 계십니다. 우리가 매일 아침 깊은 잠에서 깨어 일어날 수 있는 것도, 지금 우리가 호흡할 수 있는 것도, 모두 하나님의 손에 달려있는 것입니다. 때때로 우리는 바쁘게 사느라 이 사실을 잊어버리곤 합니다. 하지만 내일 일을 알 수 없는 것이 우리의 인생입니다.

따라서 하나님은 오늘도 우리를 기도의 자리로 부르십니다. 우리가 순간순간마다 하나님만을 의지하며 살도록, 날마다 말씀에 순종하여 이 땅에서 진정 형통한 삶을 살도록, 우리로 하여금 쉬지 말고 기도하여 참된 은혜를 누리도록 하시는 것입니다.

이것을 깨닫고 사는 사람은 기도의 자리가 하나님께서 나에게 주시는 가장 분명한 은혜의 자리라는 것을 고백하게 됩니다. 그런데 병들어 죽게 되어서야 이 은혜를 뒤늦게 깨닫고 비로소 기도했던 인물이 바로 히스기야입니다.

히스기야가 기도를 통해 치유되었고, 생명을 연장받은 것은 맞지만, 이것만 알게 되면 히스기야의 기도를 온전히 이해하지 못하게 됩니다. 그가 왜 병이 들었는지, 그의 기도가 있기까지 히스기야에게 어떠한 일이 있었는지를 잘 알아야 합니다.

열왕기하 18장 1절과 2절에 보면, 히스기야는 아버지 아하스 왕의 뒤를 이어서 25세에 유다의 13번째 왕이 되었습니다. 그리고 예루살렘에서 유다를 29년간 다스렸습니다. 왕위를 계승했던 때의 나이와 통치 기간을 합해 계산해 보면 히스기야 왕은 54세까지 살았다는 것을 알 수 있습니다.

히스기야가 하나님께 살려달라고 간절히 기도하여 15년을 더 살았습니다. 그렇다면 그는 39세에 병이 들었음을 알 수 있습니다. 그가 25세에 왕이 되었으니, 병이 든 것은 그가 왕이 된 지 14년이 되던 해였습니다. 즉 히스기야가 왕이 된 지 14년 만에 병이 들었던 것입니다.

그런데 바로 그 때에 또 어떠한 일이 있었을까요? 열왕기하 18장은 다음과 같이 기록하고 있습니다.

"히스기야 왕 제십사년에 앗수르의 왕 산헤립이 올라와서 유다 모든 견고한 성읍들을 쳐서 점령하매 유다의 왕 히스기야가 라기스로 사람을 보내어 앗수르 왕에게 이르되 내가 범죄하였나이다 나를 떠나 돌아가소서 왕이 내게 지우시는 것을 내가 당하리이다 하였더니 앗수르 왕이 곧 은 삼백 달란트와 금 삼십 달란트를 정하여 유다 왕 히스기야에게 내게 한지라" (왕하 18:13-14)

히스기야가 왕이 된 지 14년에 앗수르 왕이 쳐들어왔던 것입니다. 아버지 아하스는 조공을 바치면서까지 앗수르를 섬겼지만, 아들인 히스기야는 앗수르를 배반하고 섬기지 않습니다. 이 때문에 화가 난 앗수르가 유다를 침략한 것입니다. 게다가 히스기야는 아버지와 달리 왕 위에 오르자

마자 산당들을 제거하고, 주상을 깨뜨리고, 아세라 목상을 다 찍어버렸습니다.

그래서 성경은 히스기야에 대해서 여호와께서 보시기에 정직하게 행하였고, 이스라엘 하나님 여호와를 의지한 왕이었기에 그가 어디로 가든지 형통하였다고 긍정적으로 평가합니다.

하지만 그의 재위 14년에 히스기야는 잘못을 저지르게 됩니다. 왕위에 오르면서 하나님만을 섬기기로 믿음으로 결단했는데, 막상 앗수르가 침공해 들어오자, 그만 눈앞의 두려움에 휩싸입니다.

히스기야는 어떻게 해야 할지 하나님께 먼저 묻지도 않았습니다. 두려움에 빠져서 앗수르 왕이 요구하는 대로 다 바쳤습니다. 성전과 곳간에 있는 은금도 다 빼앗겼습니다.

믿음의 사람은 위기의 상황일수록 하나님께 더욱 기도하고 하나님께 먼저 물어야 합니다. 그렇지 않고 내 힘으로 해결하고자 하다 보면 그 상황이 점점 더 악화됩니다. 두려움에 휩싸인 히스기야에게 앗수르 왕은 더 굴욕적인 요구를 하기 시작했습니다.

그러자 더 이상 참을 수 없었던 히스기야의 신하들이 그들의 옷을 찢고 분노합니다. 그제서야 히스기야는 자신의 잘못을 깨닫고 여호와의 전에 들어가 기도하기 시작합니다. 그리고 자신의 신하들을 선지자 이사야에게 보냅니다. 그들에게 이 상황을 전해 들은 선지자 이사야는 하나님의 말씀을 전합니다.

"이스라엘 하나님 여호와의 말씀이 네가 앗수르 왕 산헤립 때문에 내게 기도하는 것을 내가 들었노라 하셨나이다" (왕하 19:20)

히스기야의 기도를 들으신 하나님은 하룻밤 사이에 앗수르 진영에 있던 군사 18만 5천 명을 다 치셨습니다. 그의 뒤늦은 기도를 들으신 하나님께서 행하셨던 놀라운 승리입니다. 바로 이 놀라운 승리가 있었던 그해 그 사건 이후에 곧바로 히스기야가 병에 걸려 죽게 되었던 것입니다.

하나님은 히스기아의 기도에 대한 응답으로 큰 승리를 거두게 하셨지만, 그의 잘못에 대한 심판을 잊지 않으셨던 것입니다. 병들어 죽게 된 히스기야의 기도가 있기까지 이러한 사건과 과정이 있었음을 이해하고 오늘의 성경 중 첫 번째 구절을 다시 한번 읽어보시기를 바랍니다.

"그 때에 히스기야가 병들어 죽게 되매 아모스의 아들 선지자 이사야가 그에게 나아와서 그에게 이르되 여호와의 말씀이 너는 집을 정리하라 네가 죽고 살지 못하리라 하셨나이다" (왕하 20:1)

히스기야가 병들어 죽게 되었는데, 이상하게도 하나님은 '너는 집을 정리하라'고 명하십니다. 여기서 '집'이라는 히브리어 원어의 뜻은 한 집안의 가문, 혹은 더 나아가 한 나라의 민족을 의미합니다. 히스기야가 죽을병에 걸린 상황에서 기도의 자리에 나왔던 것은 단순히 자기 자신의 개인적인 차원의 문제가 아니라는 것을 알 수 있습니다.

아버지 대로부터 내려온 뿌리 깊은 우상숭배와 이방 민족에 대한 의존 등 오직 하나님을 경외하고 하나님만을 섬기는데 장애가 되는 그 모든 것들을 자신이 병들어 죽기 전에, 믿음의 후손들을 위해서 정리해야 하기 때문이었습니다.

하나님의 백성이 죄악 가운데 타락하고 거룩함을 잃어버렸기에 다시 그들을 거룩한 자녀로 회복시키기 위해 하나님은 히스기야를 병들게 하셔서 결국 기도의 자리로 부르셨던 것입니다.

인생의 길에서 뜻밖의 고난과 질병을 당하게 되면, 우리 역시 그때에야 비로소 하나님을 찾게 되고 기도하게 됩니다. 우리는 그 문제를 해결하기 위해 기도의 자리로 나아가지만, 하나님은 그 기도를 통해서 우리만이 아니라, 우리의 이웃과 이 나라와 민족까지도 회복시키시고 온 열방을 향한 크신 구원의 역사를 이루어 가시는 것입니다.

'너는 집을 정리하라 네가 죽고 살지 못하리라'는 말씀을 들은 히스기야는 자신의 낯을 벽으로 향하고 하나님께 기도했습니다. 왜 이러한 모습으로 기도했을까요? 이 기도의 모습에는 중요한 의미가 있습니다. 자신의 죄를 인정하고 회개하며 기도할 때, 다른 곳을 바라보지 않고 오직 하나님께만 집중하는 기도자의 모습입니다.

여기서 '벽'이라는 히브리어 원어에는 '성벽'이라는 의미도 있습니다. 시편에 보면, 성벽은 하나님의 보호하심을 상징합니다. 느헤미야가 바벨론 포로에서 귀환해서 가장 먼저 한 것이 바로 성벽 재건이었습니다. 자신의 낯을 벽으로 향하고 기도한다는 것은 하나님께서 친히 우리 인생의 성벽이 되어 주시기를 간구하는 기도자의 모습입니다.

우리가 인생을 살아가다 보면, 넘을 수 없는 높은 벽을 만날 때가 있습니다. 그래서 그 벽 앞에 주저앉아 기도할 수밖에 없을 때, 그때 하나님은 우리를 모든 대적으로부터 지키시고 보호하시는 든든한 성벽이 되심을 깨닫게 됩니다.

히스기야는 자신의 얼굴을 벽으로 향하고 하나님께 기도했습니다. 전심으로 자신의 죄를 참회하면서, 하나님 앞에서 눈물로 통곡하며 부르짖었습니다. 또한 오직 하나님만이 자신의 성벽이 되심을 고백하며 선포했던 것입니다.

히스기야의 이 기도가 오늘 우리의 기도가 되어야 합니다. 비록 하나님의 은혜를 뒤늦게 깨달았다 할지라도 치유와 회복의 응답을 믿고 기도해야 합니다. 하나님은 오늘도 전심으로 자신의 죄를 통회하며 하나님께서 친히 성벽이 되어 주실 것을 간구하는 기도자를 찾으십니다.

이스라엘이 사사 시대의 그 어두운 영적 암흑 속에서 몰락해 갈 때도, 하나님은 한나라는 한 여인의 기도를 들으셨습니다. 한나의 기도가 하나님과 심정이 통해졌을 때, 아들 사무엘을 통해서 새로운 시대의 문이 열렸습니다.

날마다 하나님의 은혜를 고백하며 전심으로 기도할 때, 지금 우리 인생을 가로막고 있는 그 높은 벽이 더 이상 우리의 장애물이 아니라 하나님께서 우리를 보호하시는 거룩한 성벽이 되게 하실 것입니다.

우리는 때때로 도저히 넘을 수 없어 보이는 높은 벽을 만나기도 합니다. 그럴 때마다 우리는 두려움에 사로잡혀서 그 벽을 자꾸 피하려고만 합니다. 하지만 피한다고 해서 결코 해결되지 않습니다. 피할수록 상황만 점점 더 악화될 뿐입니다.

그 벽 앞에서, 하나님께 자신의 연약함을 고백하며 간절히 기도해야 합니다. 우리가 기도할 때 하나님은 바로 그 자리가 우리를 보호하시는 하나님의 거룩한 성벽이 둘러쳐지는 놀라운 은혜의 자리가 되게 하실 것입니다.

06

에스더, 위기 앞에 금식하는 기도자

¹⁰에스더가 하닥에게 이르되 너는 모르드개에게 전하기를 ¹¹왕의 신하들과 왕의 각 지방 백성이 다 알거니와 남녀를 막론하고 부름을 받지 아니하고 안뜰에 들어가서 왕에게 나가면 오직 죽이는 법이요 왕이 그 자에게 금 규를 내밀어야 살 것이라 이제 내가 부름을 입어 왕에게 나가지 못한 지가 이미 삼십 일이라 하라 하니라 ¹²그가 에스더의 말을 모르드개에게 전하매 ¹³모르드개가 그를 시켜 에스더에게 회답하되 너는 왕궁에 있으니 모든 유다인 중에 홀로 목숨을 건지리라 생각하지 말라 ¹⁴이 때에 네가 만일 잠잠하여 말이 없으면 유다인은 다른 데로 말미암아 놓임과 구원을 얻으려니와 너와 네 아버지 집은 멸망하리라 네가 왕후의 자리를 얻은 것이 이 때를 위함이 아닌지 누가 알겠느냐 하니 ¹⁵에스더가 모르드개에게 회답하여 이르되 ¹⁶당신은 가서 수산에 있는 유다인을 다 모으고 나를 위하여 금식하되 밤낮 삼 일을 먹지도 말고 마시지도 마소서 나도 나의 시녀와 더불어 이렇게 금식한 후에 규례를 어기고 왕에게 나아가리니 죽으면 죽으리이다 하니라 ¹⁷모르드개가 가서 에스더가 명령한 대로 다 행하니라

/ 에스더 4:10-17 /

에스더는 성경에 등장하는 많은 인물 가운데, 나라와 민족을 위해서 자신의 목숨을 걸고 간절히 기도했던 대표적인 기도자입니다. 믿음으로 결단하고 기도의 자리로 나아가면서 그녀가 선포했던 "죽으면 죽으리이다"라는 결단의 고백 속에는 에스더의 인생과 신앙이 함축되어 있습니다.

에스더와 같이 우리도 이 시대에 하나님의 일을 감당해야 하는 거룩한 사명자임을 깨닫고, 우리의 가정과 교회를 위해서만이 아니라 나라와 민족을 위해서 기도하고 또한 나아가 온 열방을 위해서 기도하는 사명을 감당해야 합니다.

나라와 민족의 위기 앞에서 자신의 목숨을 걸고 하나님께 부르짖었던 에스더의 기도는 금식기도였습니다. 상식과 관례를 초월한 진정한 믿음의 용기를 보여준 에스더의 결단은 금식기도를 통해서 이루어졌던 것입니다.

에스더는 믿음으로 결단하기를 권면했던 모르드개를 향해서 마침내 자신의 결단을 밝히며 금식을 선포했습니다.

"당신은 가서 수산에 있는 유다인을 다 모으고 나를 위하여 금식하되 밤낮 삼 일을 먹지도 말고 마시지도 마소서 나도 나의 시녀와 더불어 이렇게 금식한 후에 규례를 어기고 왕에게 나아가리니 죽으면 죽으리이다 하니라" (에 4:16)

에스더의 금식기도는 혼자 하는 기도가 아니었습니다. 에스더는 3일 동안을 자신과 함께 금식기도를 해달라고 요청합니다. 대단한 요청입니다. 금식기도 요청은 결코 쉽지 않은 요청일 것입니다. 금식기도를 요청한다는 것은 그만큼 상황이 특별하고 긴급하다는 것을 의미합니다.

에스더는 민족의 위기 앞에서, 함께 금식하며 기도하는 수밖에 없다는 것을 깨달았습니다. 그것은 단순히 즉흥적인 요구가 아니었습니다. 에스더는 절체절명의 위기 가운데서 자신 혼자의 금식기도로는 감당할 수 없음을 고백하는 겸손한 기도자였습니다.

금식하며 기도할 때 우리가 주의해야 할 것이 있습니다. 그것은 금식기도가 자기 자신의 의를 드러내는 수단이 되도록 해서는 안 된다는 것입니다. 하나님께서 나에게 금식하며 기도하도록 깨닫게 하시는 것이지, 다른 사람에게 나의 신앙을 자랑하고자 하는 마음이 있어서는 안 됩니다.

그래서 예수님께서 '이렇게 기도하라'고 가르쳐 주신 이후에 곧바로 금식에 대해서 말씀하셨던 것입니다. 마태복음 6장 17-18절에서 예수님은 다음과 같이 말씀하십니다.

"너는 금식할 때에 머리에 기름을 바르고 얼굴을 씻으라 이는 금식하는 자로 사람에게 보이지 않고 오직 은밀한 중에 계신 네 아버지께 보이게 하려 함이라 은밀한 중에 보시는 네 아버지께서 갚으시리라"

에스더는 금식기도를 결단하면서, '왕후인 내가 하겠으니, 너희는 나를 믿고 기다려라' 하지 않았습니다. 수산에 있는 유다인을 다 모아서 자신을 위해서 모두가 함께 금식기도를 해 달라고 요청했습니다.

아무리 왕후가 금식기도를 명령했다 해도, 백성들이 기꺼

이 동참하고자 하는 마음이 없었다면 따르지 않았을 것입니다. 그 위기의 때에 간절함으로 겸손히 권면했기에, 에스더가 명한 대로 모든 이들이 함께 금식기도에 동참하게 되었던 것입니다.

다른 사람보다 많이 기도하는 것을 자랑하고, 금식기도하는 것을 자랑하는 것이 아니라, 많이 기도하고 금식할수록 도리어 더욱 겸손하게 자신을 위해서 기도를 부탁할 수 있는 겸손한 기도자가 되어야 합니다.

오늘 이 시대는 1인 가구 시대입니다. '나홀로' 시대입니다. 우리나라 전체 가구 중에 1인 가구의 비율이 30%를 넘었습니다. 그러나 기도에 있어서 만큼은, '나홀로' 기도하는 자가 되어서는 안 됩니다.

서로가 서로에게 겸손히 기도를 부탁할 수 있어야 합니다. 그럴 때, 우리가 육신적으로 떨어져 있어도, 어느 곳에 있든지 기도를 통해서 성령 안에서 교제하고 하나가 될 수 있는 것입니다.

내가 기도를 부탁할 때, 부탁받은 그 사람도 기도하는 사람이 됩니다. 자녀를 위해서 부모가 기도해야 하지만, 성인이 된 자녀에게는 부모가 기도를 부탁할 수도 있어야 합니다. 내가 그 사람을 위해서 기도해 주는 것도 중요하지만, 그 사람이 기도하는 사람이 되게 하는 것도 중요합니다.

지금이 바로 기도해야 할 때임을 겸손히 권면하면서, 나의 자랑이 아니라, 하나님의 일을 위해서 함께 기도하는 하나님의 자녀들이 되어야 합니다.

금식기도는 나 자신의 의지와 결단을 하나님께 표현하는 수단일 뿐입니다. 금식을 통해서 마치 하나님과 대결하듯이, 끝까지 나의 뜻을 관철하고자 하는 수단으로 삼아서는 안 됩니다.

따라서 내가 정한 기간을 채우는 것이 금식기도의 목표가 되어서는 안 됩니다. 한 끼를 걸러도 충분한 금식이 될 수 있습니다. 에스더의 경우처럼, 사흘을 금식하며 기도할 수도 있습니다. 모든 것을 다 내려놓고 일주일 동안 금식기도에만 전념할 수도 있습니다. 물론 예수님처럼 40일을 금식할 수도 있습니다.

그러나 그 기도가 그저 누군가를 따라 하는 것이 되어서는 안 됩니다. 하나님은 금식기도를 결단하는 그 진실성, 금식하며 기도하는 자의 마음의 중심을 보시기 때문입니다.

신학교를 막 졸업하고 담임목회를 시작한 젊은 전도사가 있었습니다. 자신은 설교준비를 열심히 한다고 하는데, 주일마다 설교를 듣는 성도들의 반응이 영 별로였습니다. 설교를 듣는 교인의 거의 절반이 설교 시간 내내 꾸벅꾸벅 졸았던 것입니다.

고민 고민하다가 선배 목사님에게 조언을 구했습니다. "선배님, 어떻게 해야 설교를 잘할 수 있을까요?" 후배의 고민을 다 들은 선배 목사님이 이렇게 말했습니다.

"설교는 무엇보다 처음 시작하는 서론이 중요하네. 처음에 관심을 확 끌지 못하니까 그런거야." 그리고는 이번 수

요일에 자신의 교회에 와서 자신의 설교를 들어보라고 했습니다.

그렇게 예배에 참석했는데, 그날 선배 목사님은 설교를 시작하면서 이렇게 말문을 열었습니다. "여러분, 오늘은 제가 한 번도 말하지 않았던 사실을 하나 고백하겠습니다. 사실 제게는 결혼하기 전에 동거하던 여인이 있었습니다. 저는 그 여인과 아주 오랫동안 동거를 했습니다."

모든 교인이 깜짝 놀라서 눈을 똥그랗게 뜨고 목사님을 쳐다보았습니다. "용서하시기 바랍니다. 그 여인이 누구냐면 … 바로 제 어머니이십니다." 교인들이 박장대소를 하며 설교를 끝까지 경청했습니다.

이 전도사는 '나도 이번 주일에 이걸 꼭 써먹어야겠다' 마음먹었습니다. 주일이 되었습니다. 강단에 서자마자 선배 목사님을 따라 했습니다. "여러분, 오늘은 제가 한 번도 말하지 않았던 사실을 하나 고백하겠습니다. 사실 제가 결혼하기 전에 동거하던 여인이 있었습니다. 용서하세요. 그 여인과 아주 오랫동안 동거를 했습니다."

그러자 평소에 졸던 교인들이 눈을 번쩍 뜨고 전도사를 쳐다보았습니다. 그런데 갑자기 하도 뚫어지게 쳐다보는 바람에 당황해서 그다음 할 말을 잊어버렸습니다.

"그 여인이 누구냐면…" 갑자기 머릿속이 하얘졌습니다. "그 여인이 누구냐면… 아, 생각이 나지 않습니다."

교인들은 크게 술렁거렸고, 결국 그날 설교는 엉망이 되고 말았습니다. 흉내 내는 것처럼 불행한 것이 없습니다.

우리는 지금까지 구약성경에서 여섯 명의 기도자들을 살펴보았습니다. 그들의 기도를 배우고 나의 삶 속에서 적용하되, 흉내 내는 것이 되어서는 안 됩니다. 그들의 기도가 진정한 나의 기도가 되도록, 날마다 하나님 앞에 진실함으로 전심으로 기도해야 합니다.

금식기도를 제대로 했다면, 그 기도를 통해서 하나님의 뜻을 더욱 분명히 깨닫고 그 뜻을 행할 수 있는 하나님이 주시는 새로운 힘을 얻어야 합니다.

감리교회의 창시자인 존 웨슬리 목사님은 "금식은 언제나 선행과 함께 가야 한다"고 강조했습니다. 그래서 금식기도를 마치면, 항상 하나님 사랑을 이웃사랑으로 실천하는 것이 바로 우리 감리교인들의 자랑스러운 전통이 되었던 것입니다.

금식기도 하는 성도들이 많아져야 합니다. 또한 금식기도를 요청하는 성도들도 많아져야 합니다. 금식기도를 통해 하나님의 깊은 뜻을 깨닫고, 하나님의 선교에 동참하며, 이웃사랑을 실천하는 기도자가 한국교회에 더 많아져야 할 것입니다.

07

사가랴, 부족함에도 응답받는 기도자

⁵유대 왕 헤롯 때에 아비야 반열에 제사장 한 사람이 있었으니 이름은 사가랴요 그의 아내는 아론의 자손이니 이름은 엘리사벳이라 ⁶이 두 사람이 하나님 앞에 의인이니 주의 모든 계명과 규례대로 흠이 없이 행하더라 ⁷엘리사벳이 잉태를 못하므로 그들에게 자식이 없고 두 사람의 나이가 많더라 ⁸마침 사가랴가 그 반열의 차례대로 하나님 앞에서 제사장의 직무를 행할새 ⁹제사장의 전례를 따라 제비를 뽑아 주의 성전에 들어가 분향하고 ¹⁰모든 백성은 그 분향하는 시간에 밖에서 기도하더니 ¹¹주의 사자가 그에게 나타나 향단 우편에 선지라 ¹²사가랴가 보고 놀라며 무서워하니 ¹³천사가 그에게 이르되 사가랴여 무서워하지 말라 너의 간구함이 들린지라 네 아내 엘리사벳이 네게 아들을 낳아 주리니 그 이름을 요한이라 하라 ¹⁴너도 기뻐하고 즐거워할 것이요 많은 사람도 그의 태어남을 기뻐하리니 ¹⁵이는 그가 주 앞에 큰 자가 되며 포도주나 독한 술을 마시지 아니하며 모태로부터 성령의 충만함을 받아 ¹⁶이스라엘 자손을 주 곧 그들의 하나님께로 많이 돌아오게 하겠음이라

/ 누가복음 1:5-16 /

강림절이 되면 우리는 예수 그리스도의 오심을 기다리며 준비합니다. 그런데 그리스도께서 이 땅에 처음 오실 때 그의 오심을 미리 준비하도록 사명을 주신 이들이 있었습니다. 그들은 바로 그리스도의 길을 예비한 사명자, 세례 요한이었고 또한 그의 부모 사가랴와 엘리사벳이었습니다. 세례 요한의 아버지 사가랴는 아비야 반열의 제사장이었고, 세례 요한의 어머니 엘리사벳은 아론의 자손이었습니다.

이 두 사람은 하나님 앞에 의인이었고, 주의 모든 계명과 규례대로 흠이 없이 행하는 자들이었습니다. 하지만 이들에게는 아쉽게도 자녀가 없었습니다. 사가랴와 엘리사벳은 하나님께 자녀가 생기게 해달라고 오랫동안 기도했습니다.

그러한 가운데, 마침 사가랴가 성전에 들어가 분향할 기회를 얻게 되었습니다. 당시에는 제사장이라고 해도 마음대로 성전에 들어가 분향할 수가 없었습니다. 제사장의 반열에 따라서, 미리 정해진 순서대로 그 직무를 수행하게 되어 있었습니다.

역대상 24장에 보면, 제사장의 반열은 모두 스물 넷이었고, 사가랴가 속했던 아비야 반열은 이 가운데 여덟 번째 순서였습니다. 첫 번째 순서부터 차례대로 분향의 직무를 감당하게 되는데, 마침 여덟 번째 순서인 아비야 반열의 차례가 되었던 것입니다. 이 일을 각각 한 달씩 감당한다고 하면, 약 2년여 만에 차례가 돌아온 것입니다.

그런데 아비야 반열의 차례가 되었다고 해서, 무조건 사가랴가 성전에 들어가 분향할 수 있는 것이 아닙니다. 전례에 따라서 아비야 반열에 속한 제사장들 가운데, 제비를 뽑아서 성전에 들어가 분향할 사람을 정하게 되어 있었습니다.

그 당시 한 반열에 속한 제사장의 수가 무려 약 800명 정도였습니다. '제가 들어가서 분향하고 싶습니다' 지원할 수가 없었습니다. 스물넷이나 되는 반열들 가운데 자신이 속해 있는 반열의 차례가 되어야 하고, 그 차례가 되었을 때,

제비를 뽑아서 자신의 이름이 나와야 비로소 하나님께서 임재하시는 성전에 들어가서 분향할 수 있게 되는 것입니다.

이런 점에서 보면, 우리가 아무런 제약과 조건 없이 하나님 앞에 나아가 기도하는 것이 얼마나 큰 축복인가 하는 것을 깨닫게 됩니다. 우리가 하나님 앞에 나아가 기도할 수 있는 것은 하나님께서 우리를 선택하시고 부르셨기에 가능한 것입니다. 그것은 나의 의지와 능력으로 된 것이 아닙니다. 하나님께서 우리의 기도를 듣고자 하시기에 우리를 선택하여 부르신 것입니다.

만일 우리가 하나님께 기도하기 위해서는 옛 제사장 시대에서처럼 내가 속한 그룹의 순번을 정하고 게다가 그중에서도 제비뽑기를 통해서만 가능했다면 하나님께 기도하는 것조차 결코 쉽지 않았을 것입니다. 우리가 자유롭게 하나님께 나아가 기도할 수 있는 것 자체가 하나님의 은혜이고 축복이라는 것을 깨달아야 합니다.

사가랴는 하나님이 거하시는 그 성소에 언제 들어갈 수 있을지, 예측할 수가 없었습니다. 오직 하나님께서 그를 부르실 때 들어갈 수 있다는 믿음으로 기다려야 했습니다. 이러한 상황에서, 사가랴가 주의 성전에 들어가 분향하게 되었다는 것은 하나님께서 그를 택하시고 부르셨다는 것을 의미합니다. 하나님께서 그를 선택하시고 부르신 것은 바로 그의 기도에 응답하시기 위해서였습니다.

부르심을 받고 성전에 들어간 사가랴에게 주의 사자가 나타나 말합니다.

"사가랴여 무서워하지 말라 너의 간구함이 들린지라 네 아내 엘리사벳이 네게 아들을 낳아 주리니 그 이름을 요한이라 하라" (눅 1:13)

하나님은 그의 사자를 통해 사가랴의 기도에 응답하십니다. 하지만 사가랴는 사자의 응답을 신뢰하지 못합니다.

주의 사자가 사가랴에게 아들을 얻을 것이라고 분명히 말했지만, 사가랴는 현실의 한계에 갇혀서 기도의 능력을 스스로 제한해 버립니다. 그는 주의 사자에게 이렇게 반문합니다.

"내가 이것을 어떻게 알리요 내가 늙고 아내도 나이가 많으니이다" (눅 1:18)

기도의 사람은 현실의 한계에 갇혀서는 안 됩니다. 현실은 불가능하게 보일지라도, 끝까지 하나님의 전능하심과 기도의 능력을 신뢰해야 합니다. 하지만 사가랴처럼 우리도 우리가 처한 현실을 부정적으로 바라보면서 스스로 기도의 응답을 제한합니다. 사가랴의 기도가 바로 그러한 경우를 보여줍니다. 그도 처음에는 간절하게 기도했을 것입니다.

'하나님, 저희 가정에 자녀를 주시옵소서.' 그러나 점점 기도는 응답받지 못한 채 시간은 흘러가고, 성전에 들어가 분향할 기회조차 얻지 못하면서 처음의 간절함이 식어버리고, 기도의 응답을 사모하는 그 마음도 변했을 것입니다.

'이제는 현실적으로 어렵겠네…'라고 되뇌이며 어느덧 그의 기도에 하나님을 향한 신뢰가 사라졌던 것입니다. 하나님의 말씀을 신뢰하지 못하니, '내가 이것을 어떻게 알리요'라고 말하며 그 징표를 요구했던 것입니다.

사가랴는 제사장이기 때문에 어쩔 수 없이 기도하기는 했을 것입니다. 그러나 그의 기도에는 하나님을 향한 진정한 신뢰와 감사가 점점 사라졌던 것입니다.

우리도 기도할 때 우리의 마음속에 하나님을 향한 진정한 신뢰와 감사가 없다면 그것을 속히 회복해야 합니다. 그러한 상태로 계속 기도하기보다는, 차라리 그 기도를 잠시 멈추는 게 낫습니다. 위선적인 기도, 형식적인 기도가 계속되어서는 안 되기 때문입니다. 기도할 수 있음이 진정 은혜임을 깨닫고 고백하며 다시 하나님을 향한 충만한 신뢰와 감사로 기도해야 합니다.

사가랴에게 자신의 이름을 '가브리엘'(눅 1:19)이라고 밝힌 이 천사는 엘리사벳이 요한을 낳기까지 사가랴가 말을 하지 못하게 하는 벌을 내립니다. 아마도 그런 벌을 내린 이유는 사가랴가 더 이상 그러한 기도를 할 수 없게끔, 하나님을 향한 신뢰와 감사의 간구가 없는 기도가 되지 않도록, 하나님의 말씀을 믿지 않는 그의 입을 막으셨던 것입니다.

사가랴의 기도가 비록 이처럼 부족하고 그 사명을 끝까지 감당하지 못했지만, 그래서 하나님께서 그의 입을 막으셨지만, 그러함에도 하나님은 그를 통해서 하나님의 계획을 다 이루어 가심으로써 그의 기도에 응답하셨습니다.

사가랴의 기도에 대한 하나님의 응답은 우리에게 소망의 빛을 보게 합니다. 우리의 기도 역시 완전하지 않고 부족하지만, 그러함에도 하나님은 우리의 기도에 응답해 주실 것이라는 소망을 품게 합니다.

하나님은 우리를 기도의 자리로 부르셨습니다. 우리를 부르신 하나님은 우리를 결코 포기하지 않으십니다. 우리의 기도 역시 응답해 주실 것입니다. 우리가 해야할 것은 하나님을 끝까지 신뢰하면서 기도하며 나아가는 것입니다. 현실의 한계에 갇혀서 기도의 능력을 제한해서는 안 됩니다. 우리가 부족함에도 불구하고 하나님을 신뢰하며 기도할 때, 하나님께서는 우리를 위해 크고 은밀한 일을 행하실 것입니다.

08

한 과부, 진실한 믿음으로 간구하는 기도자

¹예수께서 그들에게 항상 기도하고 낙심하지 말아야 할 것을 비유로 말씀하여 ²이르시되 어떤 도시에 하나님을 두려워하지 않고 사람을 무시하는 한 재판장이 있는데 ³그 도시에 한 과부가 있어 자주 그에게 가서 내 원수에 대한 나의 원한을 풀어 주소서 하되 ⁴그가 얼마 동안 듣지 아니하다가 후에 속으로 생각하되 내가 하나님을 두려워하지 않고 사람을 무시하나 ⁵이 과부가 나를 번거롭게 하니 내가 그 원한을 풀어 주리라 그렇지 않으면 늘 와서 나를 괴롭게 하리라 하였느니라 ⁶주께서 또 이르시되 불의한 재판장이 말한 것을 들으라 ⁷하물며 하나님께서 그 밤낮 부르짖는 택하신 자들의 원한을 풀어 주지 아니하시겠느냐 그들에게 오래 참으시겠느냐 ⁸내가 너희에게 이르노니 속히 그 원한을 풀어 주시리라 그러나 인자가 올 때에 세상에서 믿음을 보겠느냐 하시니라

/ 누가복음 18:1-8 /

오늘 기도의 본이 되는 사람은 예수님의 비유에 등장하는 한 여인입니다.

앞장에서 우리는 사가랴의 기도를 살펴보았습니다. 그리고 다음 장에서 바리새인과 세리의 기도를 살펴볼 것입니다.

사가랴의 기도, 과부의 기도, 그리고 바리새인과 세리의 기도, 이 세 기도에는 공통분모가 있습니다. 그것은 바로 세 기도 모두가 누가복음에만 나타나는 기도라는 점입니다. 누가복음은 '기도의 책'이라고 불리울 만큼 많은 기도의 이야기가 담겨져 있습니다.

따라서 기도에 많은 관심이 있는 성도라면, 누가복음을 집중해서 읽을 필요가 있습니다. 하나님 말씀에 집중하면 그 안에서 우리는 기도의 원리를 발결할 수 있습니다.

많은 경우에 있어서, 기도하는 사람이 기도에 집중한다는 이유로 말씀을 소홀히 여깁니다. 하지만 말씀과 기도는 분리된 것이 아닙니다. 오히려 말씀과 기도는 항상 같이 가야 하며, 반드시 말씀이 기도의 중심이 되어야 합니다.

기도한다고 하면서, 기도가 말씀의 뿌리에서 시작되지 않으면, 그 기도는 매우 위험한 기도가 됩니다. 그러한 기도는 성경적인 기도가 아니라, 단지 한풀이에 불과하거나 이 세상의 부귀영화를 비는 또 하나의 기복적인 수단이 될 뿐입니다.

신자의 기도는 나의 일을 위한 기도가 아니라, 나를 통한 하나님의 크고 은밀한 일을 위한 기도가 되어야 한다는 것을 잊어서는 안 됩니다.

우리는 누가복음 18장의 말씀을 통해서 예수님께서 가르쳐 주신 기도의 중요한 원리를 배우게 됩니다. 누가는 기도에 대한 예수님의 말씀을 연속적으로 기록하면서 가장 먼저 예수님께서 비유로 말씀하신 목적을 다음과 같이 분명히 밝히고 있습니다.

"예수께서 그들에게 항상 기도하고 낙심하지 말아야 할 것

을 비유로 말씀하여" (눅 18:1)

이 말씀을 통해 우리가 먼저 깨달아야 하는 것은 '항상 기도'해야 한다는 것입니다. 기도는 하나님의 일이기 때문에, 어떤 문제나 이유가 있을 때만 기도하는 것이 아니라 '항상' 해야 하는 것입니다. 사도 바울이 데살로니가전서에서 권면한 것처럼 "쉬지 말고 기도"(살전 5:17)해야 하는 것입니다.

항상 기도하는 자가 되려면, 우리는 언제나 주님 안에 거하는 자가 되어야 합니다. 우리가 주님 안에 거할 때 고난도 축복임을 깨닫고 기도할 수 있게 되고, 병들었을 때도 하나님의 돌보심에 감사하며 기도할 수 있게 됩니다.

이 말씀은 또한 기도의 사람은 낙심하지 말아야 한다는 것을 깨닫게 합니다. 우리는 종종 기도하다가 낙심하고 실망하게 되는데, 그때는 우리가 주로 기도에 응답을 받지 못했을 때입니다.

하지만 더 정확하게 말하자면, 우리가 기도하다가 낙심하고 실망하는 이유는 '내가 원하는 대로' 응답받지 못했기 때문입니다. 항상 기도하고 낙심하지 말라는 말씀은 기도하면 무조건 자신이 원하는 대로 받을 줄로 생각하지 말라는 말씀입니다.

하나님의 계획과 하나님의 뜻은 나의 소원보다 훨씬 더 큽니다. 지금 당장은 내 기도가 응답받지 못한 것 같아서 낙심될 수 있지만, 더 크고 은밀한 하나님의 일은 이미 예비되어 있기에, 나의 기도는 반드시 이루어질 것이고 하나님은 우리의 기도에 응답하실 것입니다.

우리는 이러한 기도의 중요한 원리를 비유 속 한 과부의 기도를 통해서 확인하게 됩니다.

어떤 도시에 사는 한 과부가 억울한 일을 당했습니다. 과부는 그녀의 억울함을 재판장에게 호소했지만, 재판장은 그 원한을 풀어주지 않았습니다. 이 재판장은 '사람을 무시하는' (눅 18:2) '불의한' (눅 18:6) 자였기 때문입니다.

그러나 이 여인은 포기하지 않고, 계속해서 간구했습니다. 재판장은 얼마 동안은 듣지 않다가 더는 견딜 수 없을 것 같아서 결국 이 여인의 요청을 들어주었습니다.

불의한 재판장일지라도 이러한데, 하나님은 우리에게 어떠하시겠습니까? 그런데 불의한 재판장과 하나님 사이에는 분명한 차이가 있습니다.

불의한 재판장은 어쩔 수 없어서 이 과부의 요청을 들어주었지만, 하나님은 택하신 자녀들의 기도이기 때문에 속히 응답하십니다.

"하물며 하나님께서 그 밤낮 부르짖는 택하신 자들의 원한을 풀어 주지 아니하시겠느냐…" (눅 18:7)

우리는 보통 이 말씀에서 밤낮 부르짖는다는 구절에만 관심을 갖습니다. 그래서 기도할 때 포기하지 않는 것이 가장 중요하다고 여기게끔 합니다. 그러나 우리는 그다음에 나오는 말, '누가' 밤낮 부르짖는가에 관심을 가져야 합니다.

'누가' 밤낮 부르짖을 때, 그 원한을 풀어주신다는 것일까요? 그들은 바로 '택하신 자'들입니다. 이들은 하나님께서 기도의 자리로 부르신 자들입니다.

바로 여기에 매우 중요한 기도의 원리가 담겨있습니다. 모든 기도에 있어서 내가 먼저가 아니라, 하나님의 부르심을 깨닫고 하나님의 뜻이 항상 먼저 있다는 것을 인정하고 기도해야 합니다.

기도하는 사람은 하나님께 택함을 받은 사람입니다. 하나님께서 먼저 뜻을 정하시고 사람을 택하여 부르시기 때문입니다. 따라서 우리의 기도는 나의 유익을 얻기 위해서 어쩔 수 없이 억지로 하는 사람의 일이 되어서는 안 됩니다. 기도는 가장 좋은 것을 예비하시고 속히 응답하기 원하시는 하나님의 일이라는 것을 끝까지 신뢰하는 진실한 믿음 위에 기초되어야 합니다.

히브리서 기자는 바로 이러한 관점에서 하나님을 기쁘시게 하는 방법을 선언합니다.

"믿음이 없이는 하나님을 기쁘시게 하지 못하나니 하나님께 나아가는 자는 반드시 그가 계신 것과 또한 그가 자기를 찾는 자들에게 상 주시는 이심을 믿어야 할지니라" (히 11:6)

이 말씀에서 '믿음'이라는 단어 대신에, 그 자리에 '기도'를 넣어보면 믿음과 기도의 관계가 분명하게 보입니다.

'기도가 없이는 하나님을 기쁘시게 하지 못하나니 하나님께 나아가는 자는 반드시 그가 계신 것과 또한 그가 자기를 찾는 자들에게 상 주시는 이심을 믿어야 할지니라'

우리의 기도는 하나님을 향한 진실한 믿음이어야 합니다. 기도는 내게 부족한 것, 내가 원하는 것을 얻고자 하는 수단이 아니라, 하나님의 행하심과 하나님의 구원하심을 고백하고 간구하는 믿음이어야 합니다.

예수님은 이 비유의 말씀을 마치시면서 마지막 구절에서 바로 이러한 믿음을 우리에게 보게 되기를 기대하신다고 말씀하십니다.

"내가 너희에게 이르노니 속히 그 원한을 풀어 주리라 그러나 인자가 올 때에 세상에서 믿음을 보겠느냐 하시니라" (눅 18:8).

우리의 기도가 주님께서 기대하시는 바로 그 믿음이 되어야 합니다. 우리의 기도에 하나님을 향한 믿음이 가득 담겨져야 합니다. 또한 하나님의 놀라운 행하심에 대한 고백이 넘쳐나야 합니다. 그럴 때, 우리의 기도가 하나님을 기쁘시게 할 뿐만 아니라, 하나님께서 주시는 상을 이 땅에서 누리는 은혜요 축복이 될 것입니다.

09

바리새인과 세리, 목적과 태도가 서로 다른 기도자

⁹또 자기를 의롭다고 믿고 다른 사람을 멸시하는 자들에게 이 비유로 말씀하시되 ¹⁰두 사람이 기도하러 성전에 올라가니 하나는 바리새인이요 하나는 세리라 ¹¹바리새인은 서서 따로 기도하여 이르되 하나님이여 나는 다른 사람들 곧 토색, 불의, 간음을 하는 자들과 같지 아니하고 이 세리와도 같지 아니함을 감사하나이다 ¹²나는 이레에 두 번씩 금식하고 또 소득의 십일조를 드리나이다 하고 ¹³세리는 멀리 서서 감히 눈을 들어 하늘을 쳐다보지도 못하고 다만 가슴을 치며 이르되 하나님이여 불쌍히 여기소서 나는 죄인이로소이다 하였느니라 ¹⁴내가 너희에게 이르노니 이에 저 바리새인이 아니고 이 사람이 의롭다 하심을 받고 그의 집으로 내려갔느니라 무릇 자기를 높이는 자는 낮아지고 자기를 낮추는 자는 높아지리라 하시니라

/ 누가복음 18:9-14 /

앞 장에서 나누었던 기도에 대한 가르침에서 예수님은 두 사람을 비유 속에서 대조하면서 말씀하셨습니다. 그들은 불의한 재판장과 끈질긴 과부였습니다.

예수님은 이어지는 오늘의 말씀에서도 이러한 대조의 방식을 사용하십니다. 비유 속에 등장하는 두 사람의 태도는 더욱 상반되게 구체적으로 소개되고 있습니다. 오늘 이 비유에 등장하는 두 사람은 바리새인과 세리입니다.

앞장에서 등장한 등장인물 가운데 한 사람(과부)만 기도하는 사람이었다고 한다면, 오늘의 말씀에서는 두 사람 다 기도하는 사람입니다.

항상 기도하고 낙심하지 말아야 할 것을 가르치신 예수님은 이제 어떠한 기도가 하나님이 진정 원하시는 기도인지, 즉 기도하는 자의 태도와 그 기도의 내용에 대해 말씀하십니다.

먼저 살펴볼 사람은 바리새인입니다. 복음서에 등장하는

바리새인은 대체로 위선적이고 부정적인 이미지로 그려집니다. 그런데 복음서에 나타난 이미지와는 달리 당시 사회에서 바리새인은 가장 존경받는 종교 지도자였습니다.

그들은 누구보다 대대로 내려오는 종교 규례를 철저히 지켰습니다. 일주일에 이틀씩, 매주 화요일과 목요일에는 금식했습니다. 뿐만 아니라 수입의 십분의 일은 무조건 주의 전에 바쳤습니다.

사실, 바리새인들이 생활 속에서 보여준 이러한 실천적인 행위는 긍정적으로 받아들일 필요가 있습니다. 저서도 그들은 거룩한 삶을 살기 위해 실제로 노력했기 때문입니다. 이러한 삶의 실천과 행위 자체는 귀한 것입니다.

이러한 면에서 당시 바리새인들은 존경받을 만한 존재였습니다. 그들의 철저한 실천과 수행은 사람들로부터 부러움을 자아내기도 했습니다.

하지만 문제는, 바리새인들이 그러한 행위와 실천을 하면서 스스로를 의로운 사람이라고 여겼다는 점입니다.

신앙생활에 있어서 우리가 가장 주의해야 하는 것들 가운데 하나가 바로 스스로 자기가 의롭다고 여기는 것입니다. '나는 의로운 사람이야'라고 생각하는 순간, 다른 사람이 우습게 보입니다. 결국 다른 사람을 쉽게 비난하고 정죄함으로써 나의 존재감을 드러내고자 하게 됩니다. 그래서 협력하여 선을 이루는 사람이 아니라, 늘 가는 곳마다 평안을 깨고 모이는 곳마다 문제를 일으키는 사람이 됩니다.

이것은 예수님 시대 당시 바리새인만의 문제가 아닙니다. 어느 시대, 어느 신앙의 공동체든지 사람이 모이면 이렇게 자신을 의롭다고 여기고 타인을 정죄하고 비난하는 이들이 있습니다. 따라서 내가 바로 그러한 사람은 아닌지, 늘 말씀 앞에 자신을 비추어 보아야 합니다.

말씀으로 깨닫고 돌이키지 않으면, 다른 방법이 없습니다. 왜냐하면 그러한 사람은 스스로 자신을 성찰하지 못하기 때문입니다. 그렇기 때문에 때로 하나님이 그를 특별하게 치시거나 하지 않으면, 거의 변하지 않습니다. 그래서 공동체 안에서 그러한 사람을 대하게 될 때, 그를 더욱 긍휼히 여기고 그를 위해서 기도해야 합니다.

바리새인은 그렇게 열심히 예배드리고 물질을 드리고 규례를 지켰지만, 결국은 그들 자신의 의를 위해서 했던 것입니다. 그들의 마음에는 하나님을 사랑하는 경외심도 없었고, 교만과 탐심만이 가득 차 있었습니다.

바리새인의 기도하는 모습과 그 기도의 내용에 그것이 잘 나타나 있습니다. 바리새인은 성전에 올라가서 서서 따로 기도합니다. 기도하러 온 다른 사람들과 자신이 다르다는 것을 보여주기 위함입니다. 마땅히 자기는 특별대우를 받아야 한다는 것입니다.

하지만 하나님 앞에서 특별대우를 받을 만한 자격을 가진 사람은 없습니다. 세상에서는 그럴 수 있지만, 교회에서는 그래서는 안 됩니다. 교회는 달라야 합니다. 모두가 하나님이 귀하게 여기시고 사랑하시는 존재들임을 고백하는 공동체이기 때문입니다.

오히려 반대로 세상에서 인정받지 못하는 이들이 교회에서 더욱 사랑받고 섬김을 받아야 합니다. 그럴 때 교회는 진정 하나님의 일을 위해서 기도하는 처소가 되게 하실 것입니다.

따라서 바리새인의 기도는 사실 기도라고 할 수도 없습니다. 자기 자랑에 불과하고, 자기 의를 드러내는 수단이기 때문입니다.

"하나님이여 나는 다른 사람들과 같지 아니하고 이 세리와도 같지 아니함을 감사하나이다 나는 이레에 두 번씩 금식하고 또 소득의 십일조를 드리나이다" (눅 18:11-12)

세상에서 가장 어리석고 교만한 사람은 하나님 앞에서 자신이 죄인임을 고백하지 못하고 스스로 의롭다고 여기는 사람입니다. 다른 사람과 비교해서, 다른 사람을 비난하고 정죄함으로 드리는 감사와 기도는 결코 하나님이 열납하지 않으시기 때문입니다.

기도의 사람은 날마다 하나님 앞에서 자신이 죄인이라는 것을 철저히 인정해야 합니다. 그것이 바로 진정한 기도의 시작이요, 영원한 감사의 제목이 되어야 합니다.

세리의 기도가 바로 그러했습니다.

"하나님이여 불쌍히 여기소서, 나는 죄인이로소이다" (눅 18:13)

세리의 기도가 바로 기도의 오랜 전통으로 내려오고 있는 "예수 기도"입니다.

'자비하신 주님, 이 죄인을 긍휼히 여겨주시옵소서.'

오늘 이 시대, 우리의 기도도 바로 이 기도에서 시작되어야 합니다. 기도의 사람은 늘 하나님 앞에서 자신의 죄인 됨을 철저히 고백해야 합니다. 스스로 의롭다고 여기는 사람은 하나님께서 주시는 구원의 선물을 거부하는 어리석은 자입니다.

세리는 기도할 때에, 사람들에게 가까이 오지도 못하고 멀리 서서 기도합니다. 바리새인처럼 특별대우를 기대하기는커녕, 자신을 멸시하고 정죄하는 다른 이들의 시선을 감당할 수가 없기 때문입니다.

그러한 상황에서, 어지간한 사람이라면 더 이상 성전에 올라가지 않을 만도 한데, 그러함에도 세리는 기도의 자리만은 지켰던 것입니다. 기도만이 그 멸시와 정죄함을 이겨낼 수 있는 길이라고 깨달았기 때문입니다.

기도만이 인생의 모든 문제를 해결함 받을 수 있는 길입니다. 기도는 그저 마음이 나약한 사람이 잠시 위로받고자 하는 것이 아닙니다. 기도는 끝까지 하나님을 신뢰하는 자만이 누릴 수 있는 거룩한 축복입니다.

예수님 당시 기도할 때는 하늘을 우러러보는 것이 보편적인 형태의 기도 자세였습니다. 그럼에도 불구하고, 세리는 감히 하늘을 쳐다보지도 못하고 기도합니다. 마치 죄인처럼 고개를 숙이고, 자신의 가슴을 치며 자신이 죄인이라는 고백과 긍휼히 여겨주실 것을 간구할 뿐입니다. 다른 간구가 없습니다.

이러한 세리의 기도는 자기 죄에 대한 철저한 회개와 하나님의 은혜에 대한 갈망으로 가득한 겸손한 기도입니다.

결국 세리는 이 겸손한 기도를 통해서 하나님께 의롭다 칭함을 받게 됩니다.

"이에 저 바리새인이 아니고 이 사람이 의롭다 하심을 받고 그의 집으로 내려갔느니라 무릇 자기를 높이는 자는 낮아지고, 자기를 낮추는 자는 높아지리라 하시니라" (눅 18:14)

우리 역시 하나님께서 우리를 각자의 기도의 자리로 부르셨다는 것을 깨닫고 감사함으로 기도해야 합니다.

하나님은 자기 스스로를 의롭게 여기고 남을 멸시하는 자를 멀리하십니다. 오직 자신이 죄인임을 인정하고, 하나님 앞에서 애통하는 심정으로 회개하고, 겸손히 하나님을 의지하는 자에게 은혜를 베푸십니다.

바리새인과 세리의 기도를 통해서, 우리도 하나님 앞에서 응답되는 기도가 어떠한 기도인지를 잘 깨닫고 잊지 말아야 합니다.

우리의 지각을 초월하시는 하나님의 크고 은밀한 일을 위하여 쉬지 말고 기도할 때, 하나님께 의롭다 하심을 받을 뿐만 아니라, 날마다 이 세상에서 우리를 높아지게 하시는 전능하신 하나님의 역사가 일어날 것입니다.

10

아나니아, 성령의 역사를 증거하는 기도자

¹⁰그 때에 다메섹에 아나니아라 하는 제자가 있더니 주께서 환상 중에 불러 이르시되 아나니아야 하시거늘 대답하되 주여 내가 여기 있나이다 하니 ¹¹주께서 이르시되 일어나 직가라 하는 거리로 가서 유다의 집에서 다소 사람 사울이라 하는 사람을 찾으라 그가 기도하는 중이니라 ¹²그가 아나니아라 하는 사람이 들어와서 자기에게 안수하여 다시 보게 하는 것을 보았느니라 하시거늘 ¹³아나니아가 대답하되 주여 이 사람에 대하여 내가 여러 사람에게 듣사온즉 그가 예루살렘에서 주의 성도에게 적지 않은 해를 끼쳤다 하더니 ¹⁴여기서도 주의 이름을 부르는 모든 사람을 결박할 권한을 대제사장들에게서 받았나이다 하거늘 ¹⁵주께서 이르시되 가라 이 사람은 내 이름을 이방인과 임금들과 이스라엘 자손들에게 전하기 위하여 택한 나의 그릇이라 ¹⁶그가 내 이름을 위하여 얼마나 고난을 받아야 할 것을 내가 그에게 보이리라 하시니 ¹⁷아나니아가 떠나 그 집에 들어가서 그에게 안수하여 이르되 형제 사울아 주 곧 네가 오는 길에서 나타나셨던 예수께서 나를 보내어 너로 다시 보게 하시고 성령으로 충만하게 하신다 하니 ¹⁸즉시 사울의 눈에서 비늘 같은 것이 벗어져 다시 보게 된지라 일어나 세례를 받고 ¹⁹음식을 먹으매 강건하여지니라 사울이 다메섹에 있는 제자들과 함께 며칠 있을새

/ 사도행전 9:10-19 /

이번 장부터는 세 번에 걸쳐서 사도행전에 등장하는 기도자에 대해서 살펴보도록 하겠습니다.

사도행전은 그 이름 그대로 사도들의 행적을 기록한 책입니다. 예수님께서 부활 승천하신 이후로, 이 땅에 그리스도의 제자들로서 맡겨진 사명을 감당했던 초대교회 사도들의 이야기를 담은 책입니다.

사도들의 사명은 무엇이었을까요? 사도들이 감당해야 할 가장 중요하고, 가장 본질적인 사명은 바로 기도였습니다. 하나님의 일을 위한 기도였습니다.

사도행전은 시작하는 첫 장부터 바로 이 기도의 사명을 선포합니다. 예수님께서 승천하시고, 제자들은 예수님을 배반한 가룟 유다 대신에 맛디아를 새로운 사도로 세우게 됩니다.

예수님께서 승천하시고 사도들은 다락방에 모여 다른 예수님의 제자들과 가족들과 함께 한 마음으로 기도합니다.

> "여자들과 예수의 어머니 마리아와 예수의 아우들과 더불어 마음을 같이하여 오로지 기도에 힘쓰더라" (행 1:14)

그리고 새로운 사도로 두 사람이 추천되었는데, 마지막 제비뽑기를 하기 전에도 그들은 하나님께서 택하신 자가 세워지도록 또다시 기도했습니다. 이처럼 사도행전은 초대교회가 탄생하는 과정에서 성령의 역사를 기록하고 있기에 사도행전에 기도의 이야기들이 많이 등장하는 것은 당연한 것입니다.

우리가 기도할 때, 성령께서 역사하셔서 하나님의 일을 이루어가십니다. 뿐만 아니라 우리가 기도할 때, 하나님의 뜻을 깨닫고 그것을 이루어갈 능력을 주십니다. 초대교회 사도들이 바로 그러했고, 오늘 우리가 이 시대 주님의 제자들로서 우리의 기도 가운데 성령의 역사와 하나님의 사역과 능력을 경험할 것입니다.

사도행전은 바로 이것을 증언하면서 우리를 기도의 사명자로 세우는 책입니다.

사도행전을 읽을 때 우리는 그저 초대교회를 부러워하기만 하거나, 지나간 과거의 이야기로만 기억해서는 안 됩니다.

사도행전은 성령의 역사와 기도의 능력을 증언하는 책입니다. 우리가 첫 번째로 보게 될 사도행전 9장은 사도 바울의 회심 사건 가운데 있었던 아나니아의 기도를 소개합니다.

사도행전에는 '아나니아'라는 동일한 이름으로 세 명의 다른 인물들이 등장합니다. 첫 번째로 먼저 등장하는 아나니아는 5장에 나오는 삽비라의 남편입니다. 이 사람은 예루살렘 교회의 교인이었습니다. 하지만 그는 재산을 판 대금을 정직하게 다 바치지 않고 성령 하나님을 속였고 결국 부부는 함께 죽게 됩니다.

두 번째는 오늘 본문 속에 등장하는 다메섹에 살던 경건한 제자, 아나니아입니다.

마지막 세 번째는, 23장에 등장하는 유대 대제사장 아나니아입니다. 그는 산헤드린 공회의 의장으로서, 예루살렘에서 바울을 무례하게 심문합니다.

우리는 사도 바울의 회심을 기독교 역사에 있어서 중요한 사건으로 알고 있습니다. 하지만 그 과정에 아나니아의 기도가 있었다는 것을 잘 모릅니다.

설령 다메섹에서 있었던 이 '아나니아의 기도'를 알고 있다 하더라도 아나니아가 도착하기 전까지, 사울이 또한 기도하고 있었다는 사실은 알지 못합니다.

사도 바울의 회심의 과정에는 이처럼 바울 자신의 기도와 또한 그를 위한 아나니아의 기도가 있었습니다. 회심의 사건은 우연한 사건이 아니었습니다. 하나님의 계획 속에서 바울과 그의 동역자가 기도할 때 발생한 것입니다.

이것이 우리가 기도해야 하는 이유입니다. 기도하지 않으면서, 하나님의 일을 기대하고 바랄 수는 없습니다.

회심하기 전 바울은 예수를 믿고 따르는 자들을 박해하던 사람이었습니다. 그가 그리스도인들을 잡아다가 예루살렘으로 끌고 가기 위해서 다메섹에 이르렀을 때, 하늘로부터 빛이 그를 둘러 비추는 가운데 예수님의 음성을 듣습니다.

"**사울아 사울아 네가 어찌하여 나를 박해하느냐**" (행 9:4)

그리고 예수님은 사울에게 앞으로 일어날 일들을 알려 주십니다.

다메섹에서 놀라운 사건이 있고 난 이후로 사울은 사흘 동안 보지 못하고, 먹지도 마시지도 못하였습니다. 예수님께서 이처럼 바울을 어려움에 처하게 하신 것은 단지 그를 힘들게 하시려는 것이 아니라, 바울 자신이 하나님이 택한 자라는 것을 깨닫게 하기 위해 오직 기도에 전념하도록 하신 것입니다.

주님께서는 아나니아에게 이렇게 말씀하십니다.

… 일어나 직가라 하는 거리로 가서 유다의 집에서 다소 사

람 사울이라 하는 사람을 찾으라 그가 기도하는 중이니라"
(행 9:11)

바울은 기도하고 있었습니다. 이제는 다른 것 보지 말고, 앞으로는 먹고 마시는 것을 위해 살지 말고, 오직 하나님의 선택을 받은 자로서 그 거룩한 사명을 감당하기 위해서 먼저 기도의 능력을 체험하도록 하셨던 것입니다.

우리는 기도의 능력을 믿어야 합니다. 기도는 하나님께서 우리에게 주신 가장 강력한 영적 무기요 능력입니다. 그런데 우리에게 주신 이 무기와 능력이 제대로 그 기능을 발휘하려면 꼭 지켜져야 할 것이 있습니다.

내 생각과 내 뜻을 앞세우면 안 됩니다. 항상 하나님의 뜻이 먼저라는 것을 인정하고 기도해야 합니다. 항상 나에게 말씀하시고 깨닫게 하시는 그 음성을 듣고 그 인도하심에 순종해야 합니다.

그럴 때, 이 세상이 이해할 수 없고, 감당할 수 없는 기도의 능력이 성령의 역사하심으로 우리의 삶 가운데 나타나게 되는 것입니다. 아나니아의 기도가 바로 그러했습니다.

환상 중에 주님께서 아나니아에게 나타나셨습니다. 그리고 아나니아에게 사울이라는 자에게 가서 기도해 주라고 말씀하셨습니다. 하지만 아나니아는 '아니, 교회를 박해하고 그리스도인들을 잡아가는 사울 아닙니까?'라고 항변합니다.

아나니아는 예수님의 말씀에 곧바로 순종할 수 없었습니다. 괜히 사울을 찾아갔다가 자신이 붙잡힐지 모른다는 두려운 마음을 가졌을 수도 있습니다. 그때 주님께서 하나님의 뜻이 먼저 있음을 알려주십니다.

"… 가라 이 사람은 내 이름을 이방인과 임금들과 이스라엘 자손들에게 전하기 위하여 택한 나의 그릇이라" (행 9:15)

자신의 기도보다 하나님의 뜻이 먼저 있음을 깨닫고 나서야 비로소 아나니아는 주님의 말씀에 순종합니다. 그는 사울이 머물고 있는 그 집에 찾아가서 사울에게 안수하여 기도합니다.

"…형제 사울아 주 곧 네가 오는 길에서 나타나셨던 예수께서 나를 보내어 너로 다시 보게 하시고 성령으로 충만하게 하신다…" (행 9:17)

아나니아가 자신의 생각을 내세우지 않고, 주님의 말씀에 순종하여 기도했더니 그 즉시 사울이 다시 보게 되고 일어나 세례를 받고 건강을 회복했습니다.

기도는 순종이어야 합니다. 나의 유익을 추구하는 도구가 아니라, 나를 향하신 하나님의 뜻을 깨닫고 이루어 드리는 도구여야 합니다.

아나니아는 자기 생각과는 달랐지만, 말씀에 순종하여 기도했습니다. 그리고 순종의 결과로 하나님의 크고 은밀한 일을 이루어 드렸습니다. 이것이 바로 기도의 능력입니다.

기도의 능력은 우리의 힘으로 나타나는 것이 아니라, 우리가 하나님의 뜻에 순종하여 기도할 때 성령 하나님께서 행하시는 전능하신 능력입니다.

기도의 사람은 어떠한 경우라도 하나님께 순종하는 사람이어야 합니다. 내 생각과 다를지라도, 내 경험과 내 기대에 벗어난다고 할지라도, 선하심과 인자하심이 영원하신 하나님을 끝까지 신뢰하면서 순종함으로 기도하는 사람이 다 되어야 합니다.

아나니아는 회심한 사울이 만났던 최초의 그리스도인이었습니다. 그의 기도가 사울을 통한 하나님의 크고 은밀한 일을 이루어 드렸던 것처럼, 오늘 우리의 기도가 이 시대에 하나님의 새로운 구원의 계획을 이루어 드리는 도구가 되어야겠습니다.

11

베드로, 거룩한 뜻을 이루어가는 기도자

⁹이튿날 그들이 길을 가다가 그 성에 가까이 갔을 그 때에 베드로가 기도하려고 지붕에 올라가니 그 시각은 제 육 시더라 ¹⁰그가 시장하여 먹고자 하매 사람들이 준비할 때에 황홀한 중에 ¹¹하늘이 열리며 한 그릇이 내려오는 것을 보니 큰 보자기 같고 네 귀를 매어 땅에 드리웠더라 ¹²그 안에는 땅에 있는 각종 네 발 가진 짐승과 기는 것과 공중에 나는 것들이 있더라 ¹³또 소리가 있으되 베드로야 일어나 잡아 먹어라 하거늘 ¹⁴베드로가 이르되 주여 그럴 수 없나이다 속되고 깨끗하지 아니한 것을 내가 결코 먹지 아니하였나이다 한대 ¹⁵또 두 번째 소리가 있으되 하나님께서 깨끗하게 하신 것을 네가 속되다 하지 말라 하더라

/ 사도행전 10:9-15 /

우리는 일반적으로 평안할 때는 기도생활에 별로 힘쓰지 않다가 어떤 문제가 생겼을 때 비로소 기도에 조바심을 내게 됩니다.

어느 날 저희 집 작은 아이가 갑자기 새벽기도회에 나가겠다고 이야기를 했습니다. 성인들에게도 쉽지 않은 새벽기도회를 아이가 나가겠다고 하니 기특하기도 했지만, 한편으로는 그 이유가 궁금하기도 했습니다. 아이에게 이유를 물어보니 앞으로 대학 진학을 준비해야 하는데 아무리 생각해도 자기의 조건으로는 가고 싶은 대학에 들어가는 것이 쉽지 않다는 것을 알고 그 문제를 놓고 기도해야겠다는 마음이 생겼다는 것입니다. 저는 '그래 잘 생각했다. 기도하면 하나님께서 반드시 도우실 거야.' 하고 격려해 주었습니다.

이처럼 우리는 기도를 미루다가, 문제가 생겼을 때에야 비로소 어쩔 수 없이 하게 됩니다. 하지만 우리가 깨달아야 할 것은 언제나 기도하게 하시는 분은 하나님이시라는 사실입니다. 하나님은 우리를 기도하게 하시고 그 기도를 통해서 하나님의 뜻을 이루어가게 하십니다.

기도가 바로 하나님의 일이라는 것을 깨닫게 되면, 이제는 기도를 멈추는 것이 힘들어집니다. 오히려 어떻게든지 기도를 더 많이 하고 싶은 간절함이 생겨납니다.

우리가 기도는 하나님의 일이라는 것을 확실히 깨닫고 고백하게 된다면, 그것 하나만으로도 성공입니다. 그 깨달음으로 인해 앞으로의 신앙생활이 기쁨과 감사가 넘치게 될 것입니다. 그리고 하나님께서 우리의 삶을 이끌어 가신다는 것을 경험하게 될 것입니다. 뿐만 아니라 하나님께서 이제 날마다 기도하는 우리를 통해서 세상을 향한 거룩하신 뜻을 이루어가실 것입니다.

사도행전 10장은 주님의 복음이 이방인들에게 전파되는 중요한 사건을 전하고 있습니다. 다른 사건과 마찬가지로 이 사건 속에서도 하나님이 기도의 사람들을 통해서 복음 전파의 역사를 이루어 가십니다.

사도 바울의 회심 사건 때 두 사람의 기도가 있었던 것처럼, 오늘 주님의 복음이 이방인들에게 전해지는 이 역사적인 사건에도 두 사람의 기도가 결정적인 역할을 합니다.

성령의 역사하심 가운데, 바울의 회심 사건을 이루었던 두 사람의 기도가 바울 자신과 아나니아의 기도였다면, 오늘 이방인 전도를 이루는 두 기도의 사람은 바로 고넬료와 베드로입니다.

베드로가 기도하다가 환상 속에서 하나님의 음성을 듣고 행하기 전에, 고넬료의 기도가 먼저 있었습니다. 고넬료는 당시 로마의 행정수도였던 가이사랴에 살던 이달리야 부대라 하는 군대의 백부장이었습니다.

그는 이방인이었지만, 온 집안과 더불어 하나님을 경외하면서 기도와 구제에 힘쓰는 경건한 사람이었습니다. 하루는 기도하는 중에, 환상 가운데 주의 사자가 나타나 그에게 말씀하십니다.

"… 네 기도와 구제가 하나님 앞에 상달되어 기억하신 바가 되었으니 네가 지금 사람들을 욥바에 보내어 베드로라 하는 시몬을 청하라" (행 10:4-5)

기도하는 사람은 또한 구제하는 일에도 힘써야 합니다. 말로만 기도하는 것이 아니라, 행하는 기도가 되어야 합니다. 정말 그의 마음이 어디에 있는지, 하나님은 그가 드리는 물질을 통해서 다 아십니다.

기도와 구제에 힘쓰던 고넬료가 이방인을 향한 하나님의 구원의 계획을 이루는 사역을 위해 선택을 받았습니다. 고넬료는 하나님의 뜻을 이루어 가는 사역을 위해 택하심을 받은 것입니다.

이보다 더 복된 인생은 없을 것입니다. 하나님께 쓰임 받는 인생이 되면, 하나님께서 날마다 함께하실 것이고 하나님의 계획을 이루도록 미리 예비하시고 친히 인도하시기 때문입니다. 그러한 인생이 진정 복된 인생입니다. 하나님이 함께하시면, 고난도 질병도 실패도 다 복이 되게 하십니다.

고넬료는 천사의 말대로 집안 하인 둘과 경건한 부하 한 사람을 보냈습니다. 본문은 그들이 이제 목적지인 욥바에 가까이 갔을 때의 상황으로 시작합니다.

그때 갑자기 베드로가 기도하기 위해 지붕에 올라갑니다. 베드로는 아직 이 사건에 대해서 전혀 모르고 있는 상태입니다. 그런데 지붕으로 올라가서 기도를 하려는 것입니다. 더군다나 그 시각이 제6시였습니다. 현대의 시간으로 계산하면 정오 12시입니다.

정확히 점심시간입니다. 지금부터 기도하기 시작하면 함께 식사하기도 힘들 것이 뻔합니다. 그런데도 베드로는 식사 준비로 인해서 기도할 장소가 마땅치 않자 지붕으로까지 올라간 것입니다.

하나님께서 딱 때를 맞추어서 베드로가 기도하도록 하셨던 것입니다. 우리도 기도해야겠다는 마음이 생기면 즉시 순종해야 합니다. 그때가 바로 하나님께서 일하시는 시간이기 때문입니다.

그리고 하나님의 일을 위한 기도에는 응답이 이미 예비 되어있음을 믿어야만 합니다. 내가 기도해서 응답받는 것이 아니라, 하나님께서 예비하신 응답을 받도록 우리로 하여금 기도하게 하시는 것입니다.

베드로의 기도는 하나님의 응답이 먼저 예비되어 있음을 보여줍니다. 배가 고픔에도 불구하고 식사도 거른 채 기도할 때, 하늘에서 큰 보자기가 내려오고 그 안에는 땅에 있는 각종 네 발 가진 짐승과 기는 것과 공중에 나는 것들이 있었습니다.

유대인의 정결법에 따르면, 이것은 다 부정한 것이었습니다. 베드로는 '이것을 잡아 먹으라'(행 10:13)는 하늘의 음성에 놀라서 거부합니다.

"주여 그럴 수 없나이다 속되고 깨끗하지 아니한 것을 내가

결코 먹지 아니하였나이다" (행 10:14)

그동안 부정한 것들을 먹지 않았던 자신의 방식과 행위를 내세웁니다.

우리는 오늘 나를 향하신 하나님의 뜻보다 그동안 살아왔던 나의 방식을 더 중요하게 여깁니다. 그 이유는 나의 삶의 방식을 기준으로 삼기 때문입니다.

하지만 오직 말씀이 기준이 되어야 합니다. 베드로의 기도는 하나님의 말씀 외에 다른 모든 것을 내려놓게 하시는 하나님의 행하심이었습니다.

나의 생각을 내려놓고 하나님의 뜻에 따른다는 것, 때로 이해할 수 없는 하나님의 계획에 믿음으로 순종한다는 것이 결코 쉽지 않습니다.

베드로도 이런 일이 세 번이나 있은 뒤에야 비로소 고넬료가 보낸 이들을 만나서 그들과 함께 갈 수 있었습니다.

지금 당장 한 번에 순종하지 못한다고 해서 포기하지 마십시오. 진정 하나님의 뜻이라면 우리를 또다시 부르시고 결단케 하실 것입니다. 하나님은 반드시 하나님의 계획을 이루어 가시기 때문입니다.

오늘도 우리를 기도의 자리로 부르시는 하나님께서 크고 은밀한 일을 깨닫게 하시고 감당할 지혜와 능력을 주서서 하나님의 거룩한 뜻을 이루어가게 하실 것입니다.

12

성도들, 공동체를 위해 합심하는 기도자

¹그 때에 헤롯 왕이 손을 들어 교회 중에서 몇 사람을 해하려 하여 ²요한의 형제 야고보를 칼로 죽이니 ³유대인들이 이 일을 기뻐하는 것을 보고 베드로도 잡으려 할새 때는 무교절 기간이라 ⁴잡으매 옥에 가두어 군인 넷씩인 네 패에게 맡겨 지키고 유월절 후에 백성 앞에 끌어 내고자 하더라 ⁵이에 베드로는 옥에 갇혔고 교회는 그를 위하여 간절히 하나님께 기도하더라

/ 사도행전 12:1-5 /

오늘 말씀에 등장하는 기도는 어느 한 사람의 기도가 아니라, 예루살렘 교회 성도들의 기도입니다. 즉 개인의 기도가 아니라, 공동체의 기도입니다.

개인마다 서로 다른 기도의 제목들이 있듯이, 공동체마다 그 역사와 전통에 따라서, 혹은 지역과 구성원에 따라서 서로 다른 기도의 제목들이 있습니다.

우리는 신앙공동체의 일원으로서, 개인적인 기도만이 아니라 신앙공동체가 함께 하는 기도에 늘 관심을 가지고 동참해야 합니다. 내가 속한 공동체에서 함께 기도하는 그 제목들이 나의 기도제목이 될 때, 성령께서 행하시는 기도의 능력이 그 공동체를 통해서 우리 개인의 삶과 우리의 가정에도 나타나게 됩니다.

따라서 교회 안에 무엇보다 함께 하는 기도 사역이 필요하고 매우 중요합니다. 예배를 위한 기도 사역, 질병 가운데 있는 성도들을 위한 기도 사역, 목회자들을 위한 기도 사역, 나라와 민족을 위한 기도 사역 등등 교회의 곳곳마다

보다 집중적으로 중보하며 기도하는 모임들이 많아야 합니다.

신앙공동체 안에 기도의 모임이 많을 때, 공동체는 하나님의 사역에 동참하는 거룩한 공동체가 될 것이고 그 사역을 위해 쓰임 받는 사명자의 공동체가 될 것입니다.

오늘의 성경 본문에 보면, 예루살렘 교회는 이러한 사명을 깨닫고 온 성도들이 늘 합심하여 기도하는 공동체였다는 것을 알 수 있습니다.

당시 헤롯 왕이 교회를 박해하기 시작했습니다. 요한의 형제 야고보를 칼로 죽이고, 베드로도 옥에 가두었습니다. 교회는 매우 위험한 상황에 처하게 되었습니다.

이제 베드로를 죽이고자 하는데, 공교롭게도 이때가 무교절 기간이었습니다. 유대인들이 전통적으로 무교절을 신성하게 여겼기 때문에 그 기간에는 사람을 처형하지 않고 그 절기가 끝날 때까지 기다려야 했습니다.

이처럼 타이밍도 그저 우연이 아니라, 하나님의 계획과 섭리 가운데 있습니다. 믿음의 눈으로 보면, 우리의 삶에는 우연이 없습니다. 운이 좋거나 운이 없어서가 아니라 우리 삶의 모든 순간순간이 하나님의 주관하심 가운데 있기에 가능한 것입니다.

예루살렘 교회의 성도들이 기도하기 전에 이미 하나님은 베드로를 보호하기 위해서 특별한 절기 가운데 있도록 하셨습니다.

헤롯 왕은 자신의 통치를 굳건히 하기 위해 어떻게 해서든지 하루빨리 베드로를 죽이려고 했습니다. 그렇게 할 수 있는 충분한 힘과 수단도 있었지만 그럼에도 불구하고 하나님은 상황을 특별한 신앙의 절기 가운데 놓이게 하셔서 베드로를 보호하셨습니다.

우리가 지키는 절기와 하나님께 드리는 예배도 마찬가지입니다. 우리가 시간을 드리고, 물질을 드리기만 하는 것은 손해 보는 것처럼 보여지지만 우리에게 결코 손해가 아닙니다. 그것은 그와 비교할 수 없는 하나님의 보호하심과 돌보심이 언제나 우리 가운데 있음을 확인시켜 주시는 놀라운 은혜요 축복입니다.

특별히 위기의 때일수록, 하나님의 이 은혜와 축복을 믿고 기도해야 합니다. 예루살렘 교회는 매우 위험한 상황에 처했지만, 온 성도들이 하나님의 보호하심과 돌보심을 믿고 함께 모여 간절히 기도했습니다.

우리도 삶 속에 수많은 위기의 상황을 경험합니다. 그러나 우리가 오늘의 말씀을 통해서 깨닫게 되는 것은 위기의 때일수록, 하나님의 보호하심과 돌보심을 더욱 신뢰하면서 합심하여 하나님의 일을 위해서 기도해야 합니다.

그렇게 기도할 때 이미 기도의 응답을 예비하고 계시는 하나님의 역사가 우리 가운데도 있게 하실 것입니다.

예루살렘 교회가 위기의 때에 간절히 기도할 때 헤롯이 베드로를 처형하고자 하는 바로 전날 밤에 놀라운 일이 일어납니다.

주의 사자가 나타나서 쇠사슬에 매여 자고 있던 베드로를 깨워서 그를 감옥 밖으로 데리고 나온 것입니다. 쇠사슬이 벗어지고, 쇠문이 저절로 열리는 것을 보면서 베드로는 자신이 환상을 보는 것이 아닌가 하고 착각할 정도였습니다.

천사가 떠나고 나서야 정신을 차린 베드로는 이 놀라운 일이 바로 하나님의 섭리 가운데 일어난 일이었다는 것을 깨닫습니다. 그리고는 성도들이 모여 있는 집을 찾아갑니다.

그때 바로 그곳에서도 성도들은 모여서 기도하고 있었습니다. 베드로가 문을 두드리자 한 여자아이가 나왔다가 베드로의 음성인 줄 알고 너무나 기뻐서 문도 열어주지 못하고 그대로 안으로 달려가서 지금 베드로가 여기 왔다고 사람들에게 말합니다.

그런데 기도하던 그들의 반응이 의외입니다. '할렐루야, 하나님 감사합니다!' 라고 하지 않습니다. 도리어 이렇게 말했습니다.

"그들이 말하되 네가 미쳤다 하나 여자 아이는 힘써 말하되 참말이라 하니 그들이 말하되 그러면 그의 천사라 하더라"
(행 12:15)

기도는 하고 있었지만, 그들은 믿지 못했습니다. 그들은 기도의 자리에 있었고, 기도의 사람이었지만 기도의 능력을 온전히 믿지 못했던 것입니다.

그들의 믿음이 부족해서가 아닙니다. 기도의 능력은 사람이 다 알 수 없는 하나님의 크고 위대하신 일이기 때문입니다. 그래서 우리는 하나님께 택함을 받은 기도의 사람으로서 기도의 능력을 제한하거나, 마치 다 아는 것처럼 교만해서는 안 됩니다.

우리의 능력이 아니라, 전능하신 하나님의 능력이기 때문입니다. 기도하되 전심으로 하나님의 능력을 믿고 기도해야 합니다. 그런데 때로 우리가 기도하면서도 믿지 못하는 이유는 하나님의 계획과 섭리가 먼저 있다는 것을 온전히 신뢰하지 못하기 때문입니다.

하나님께서 나를 부르시고 택하셔서 기도하게 하셨다는 것을 믿는다면 언제나 나의 기도에는 하나님의 뜻이 먼저 있다는 것을 믿고 기도하시기 바랍니다. 그렇게 기도할 때 하나님은 그 뜻을 깨닫게 하시고 행하게 하셔서 전능하신 하나님의 능력을 우리의 삶으로 증거하게 하실 것입니다.

어느 날 예배가 시작하기 한 10분 전쯤에 한 권사님이 저를 찾아오셨습니다. 그리고는 "목사님, 하나님께서 저를 살려주셨어요. 너무나 신기하고 감사해서 먼저 말씀드리려고 왔어요."라고 이야기를 하셨습니다.

예배시간이 거의 다 되어서 급한 마음에 지금은 괜찮으신지만 얼른 여쭙고는 예배를 드리기 위해서 올라왔습니다. 예배를 드리면서도 그 사연이 궁금했습니다. 예배가 끝난 후에 권사님으로부터 이야기를 들을 수 있었습니다.

권사님은 혼자 지내시는 분이셨고, 매일 새벽 3시에 일어나 출근해서 다른 사람들이 출근하기 전까지 한 건물을 전부 청소하시는 일을 해오셨습니다. 오래된 낡은 건물이라 엘리베이터가 없어서 모든 청소도구와 청소한 것들을 직접 다 옮기는 일까지 해야 했습니다.

하지만 이제는 무릎과 허리가 너무 아파서 주사를 맞으면서도 더 이상 일을 할 수 없는 상태까지 되셨습니다. 그래도 허리 수술에 필요한 비용을 좀 더 마련해야 해서 더 일해야 하는 상황이었습니다.

그런데 권사님이 기도하시는데 하나님께서 욕심내지 말고 내려놓으라는 마음을 주셨습니다. 수술비도 필요했고, 수술받은 다음에 생활비도 걱정이 되었지만 권사님은 하나님께 다 맡기기로 기도하셨습니다.

그렇게 결단하고 그 주중에 일을 갔다 오시다가 교통사고를 당하셨습니다. 택시가 갑자기 우회전하면서 횡단보도를 건너던 권사님을 보지 못하고 앞바퀴가 권사님의 발을

덮친 것입니다.

그런데 신비로운 것은 그 순간에 마치 누군가가 미처 피하지 못한 권사님의 발을 그 자동차 바퀴에서 확 **빼내주었다**는 것입니다.

그리고는 놀라서 뒤로 크게 넘어졌는데, 그 후 여러 검사를 했지만 몸에 다친 곳은 전혀 없다고 하시는 것이었습니다. "권사님, 그러면 치료 보상이나 합의는 어떻게 하셨어요?" 걱정돼서 물었더니, 권사님은 밝은 목소리로 대답하셨습니다.

"목사님, 하나님께서 이 사건을 통해서 정말 정확히 이달까지 일하는 데 어려움이 없도록 다 정리되게 하셨고요, 제 몸은 하나도 상하지 않으면서도 수술비와 수술받고 회복하는 기간까지 필요한 생활비도 얻게 하셨어요."

이처럼 하나님의 보호하심과 돌보심은 언제나 우리 가운데 있습니다. 하나님의 뜻이 먼저 있다는 것을 믿고 기도하는 것뿐입니다.

특별히 내가 속한 공동체로 하여금 하나님께서 함께 기도하게 하실 때, 하나님께서 우리를 귀한 은혜와 축복이 나누어지는 자리에 기쁨으로 동참하도록 하실 것입니다.

우리가 합심하여 하나님께 전심으로 기도할 때, 우리가 처한 이 위기를 하나님의 새로운 행하심을 깨닫게 하는 은혜의 기회가 되게 하실 것입니다.

13

므낫세, 회복의 은총을 누리는 기도자

¹⁰여호와께서 므낫세와 그의 백성에게 이르셨으나 그들이 듣지 아니하므로 ¹¹여호와께서 앗수르 왕의 군대 지휘관들이 와서 치게 하시매 그들이 므낫세를 사로잡고 쇠사슬로 결박하여 바벨론으로 끌고 간지라 ¹²그가 환난을 당하여 그의 하나님 여호와께 간구하고 그의 조상들의 하나님 앞에 크게 겸손하여 ¹³기도하였으므로 하나님이 그의 기도를 받으시며 그의 간구를 들으시사 그가 예루살렘에 돌아와서 다시 왕위에 앉게 하시매 므낫세가 그제서야 여호와께서 하나님이신 줄을 알았더라 ¹⁴그 후에 다윗 성 밖 기혼 서쪽 골짜기 안에 외성을 쌓되 어문 어귀까지 이르러 오벨을 둘러 매우 높이 쌓고 또 유다 모든 견고한 성읍에 군대 지휘관을 두며 ¹⁵이방 신들과 여호와의 전의 우상을 제거하며 여호와의 전을 건축한 산에와 예루살렘에 쌓은 모든 제단들을 다 성 밖에 던지고 ¹⁶여호와의 제단을 보수하고 화목제와 감사제를 그 제단 위에 드리고 유다를 명령하여 이스라엘 하나님 여호와를 섬기라 하매 ¹⁷백성이 그의 하나님 여호와께만 제사를 드렸으나 아직도 산당에서 제사를 드렸더라

/ 역대하 33:10-17 /

우리는 코로나19로 인해서 함께 모여 예배드리지 못하고 처음으로 온라인 예배를 드렸던 그날을 기억할 것입니다. 평생 경험해보지 못했던 낯선 현실에, 아마 무엇이라고 표현하기 어려운 복잡한 감정들을 경험했습니다.

몇 달 정도 지나면 괜찮아질 것이라는 낙관도 있었지만, 그 낙관은 어쩌면 이것이 일상이 되어버릴지도 모른다는 불안한 비관으로 바뀌었습니다. 그리고 기세는 약해졌지만 우리는 여전히 코로나와 함께 살아가고 있습니다.

그러나 코로나 이전의 일상으로의 회복을 기대하면서 백신접종을 받고, 바이러스를 피하는 여러 방법을 강구하면서 우리는 다시 예배당에 모여 예배를 드리게 되었습니다.

아직 바이러스가 존재하고 또한 새로운 변이 바이러스가 출현하고 있지만, 두려움에 사로잡히기보다는 하나님의 보호하심과 치유하심을 간구하면서 주의 전에 함께 모여서 예배드리고 있습니다.

다시 모여 드리는 우리의 예배는 어떤 예배여야 할까요? 분명, 코로나 이전과는 여러 면에서 다를 수밖에 없지만, 그러나 오히려 이전보다 더 은혜가 넘치고 성령 충만한 거룩한 예배로 회복되어야 할 것입니다.

이 환난과 고난은 하나님의 섭리 가운데 우리의 영을 새롭게 하시는 것입니다. 또한 오늘을 살아가는 이 세대를 다시 하나님을 경외하는 자들로 세우시기 위한 하나님의 놀라운 일이라는 것을 깨달아야 합니다.

우리는 이 믿음의 확신을 가지고 오늘도 쉬지 말고 기도하는 사명자가 되어야 합니다. 우리가 하나님께 전심으로 기도할 때, 하늘의 지혜와 능력을 더해 주실 것입니다.

이 세대가 하나님을 온전히 예배하는 자들이 될 때까지 하나님은 우리를 포기하지 않으시고 이 환난을 통해서 우리를 회복시키시고 우리의 예배를 회복시키실 것입니다.

오늘의 성경말씀이 바로 이러한 하나님의 섭리를 우리에

게 증언하고 있습니다. 오늘 말씀의 주인공은 남 유다의 14대 왕이었던 '므낫세'입니다. 그의 아버지가 바로 앞선 5장에서 살펴본 '히스기야' 왕입니다.

히스기야는 그의 아버지 아하스와 달리, 율법의 말씀을 따라 종교 개혁을 단행했었고, 백성들을 신앙의 길로 잘 이끌었던 '기도의 사람'이었습니다.

히스기야는 당시 예루살렘을 위협하던 앗수르 군대를 기도로 물리쳤고, 또한 과거에 범했던 잘못 때문에 하나님께서 내리신 죽을병에서도 그는 기도함으로 치유함을 얻었습니다. 그래서 히스기야는 이스라엘 역사에서 대표적인 선한 왕으로 기록되었습니다.

그런데 오늘 말씀에 보면, 이러한 아버지 히스기야의 그 명성에 비추어 볼 때 아들 므낫세의 모습은 너무나 안타깝고 실망스럽습니다.

그는 여호와께서 계속해서 그에게 이르신 경고의 말씀을

듣지 않았습니다. 므낫세는 아버지 히스기야가 헐어 버린 산당을 다시 세웁니다.

그곳에 이방신들을 위한 제단을 쌓고, 아세라 목상을 만들고, 하늘의 모든 일월성신을 경배하고 섬겼습니다. 이방신에게 사람을 제물로 바치는 인신공양을 하고, 점치고, 마술을 행하게 하는 등 온갖 악을 행하여 하나님을 분노하게 했습니다.

그 정도가 얼마나 심했는지 본문은 다음과 같이 이야기합니다.

"… 여호와께서 이스라엘 자손 앞에서 멸하신 모든 나라보다 더욱 심하였더라" (대하 33:9)

사실 므낫세에게는 여러 차례 돌이킬 수 있는 기회가 있었습니다. 하나님께서 그에게 말씀하시고 깨닫게 하셨지만, 그가 듣지 않았던 것입니다.

므낫세의 이러한 모습을 보면서 우리는 의아한 마음을 가지게 됩니다. 아버지 히스기야는 이렇게 믿음이 좋고 훌륭한 신앙의 본이 되는 왕이었는데, 어떻게 그 아들은 이렇게까지 악할 수가 있을까?

히스기야의 인생을 다시 살펴보면, 그 이유를 알 수 있습니다. 특별히 그의 인생 마지막, 즉 히스기야가 병들어 죽게 되었을 때, 그는 하나님 앞에 간절히 기도해서 그의 삶을 더 연장받았습니다.

그가 생명을 연장받은 기간은 15년입니다. 그리고 본문은 므낫세가 태어난 때를 기록하고 있습니다.

"므낫세가 왕위에 오를 때에 나이가 십이 세라 예루살렘에서 오십오 년 동안 다스리며…" (대하 33:1)

즉 히스기야의 생명이 15년 연장되었을 때, 하나님께서 그에게 더 살도록 은혜를 베풀어 주신 그 기간에 얻은 아들이 바로 '므낫세'입니다.

비록 히스기야는 신실한 신앙인이었지만, 그렇게 귀한 아들을 얻다 보니까 므낫세에게 마땅히 가르쳐야 할 하나님의 말씀보다는 그저 아들이 원하는 대로 그에게 인간적인 애정을 더 쏟았던 것입니다.

그러다 므낫세는 그의 아버지의 하나님, 조상들의 하나님에 대한 이야기는 들었지만 나의 하나님에 대한 믿음의 고백 없이 왕이 된 것입니다. 결국 그는 하나님의 뜻을 먼저 묻는 기도의 사람이 되지 못한 채로, 자기 마음대로 살며 악을 행하다 하나님의 심판을 받게 되었던 것입니다. 그는 아버지가 물리쳤던 앗수르 왕의 군대로부터 다시 침략을 받아서 쇠사슬로 결박당한 채 바벨론으로 끌려가게 됩니다.

사실상 므낫세에게는 더 이상 소망이 없는 것처럼 보입니다. 그의 인생은 비참한 최후를 맞이하는 것처럼 보입니다. 그런데 놀랍게도, 인생 최대의 환난을 당한 므낫세가 바로 그때 하나님을 인정하게 됩니다. 그제서야 하나님께 겸손히 간구하는 기도의 사람으로 변화됩니다.

12절 말씀은 그의 변화와 회복의 모습을 이렇게 전합니다.

"그가 환난을 당하여 그의 하나님 여호와께 간구하고 그의 조상들의 하나님 앞에 크게 겸손하여 기도하였으므로" (대하 33:12)

하나님은 우리에게도 이러한 놀라운 변화와 회복의 역사가 있도록 하십니다. 이러한 믿음을 가지고 인생을 살아갈 때 뜻밖에 당하게 되는 고난도 우리에게 유익이 되는 것입니다.

므낫세는 이 환난을 통해서 스스로 하나님께 기도하는 자가 되었습니다. 그의 조상들의 하나님이 바로 자신의 하나님이 되심을 고백하고 거룩한 삶으로 예배하는 자가 된 것입니다.

우리의 자녀들도 때로 앞길이 막힌 것 같고 감당하기 어려운 고난의 상황을 맞을 때가 있습니다. 그럴 때마다 우리는 부모로서 자녀의 문제를 다 해결해 주려고 합니다. 하지만 우리는 자녀 스스로 깨닫고 하나님을 인정하도록 인내하며 기다려 주어야 합니다.

고민 속에서 자녀가 스스로 하나님의 도우심을 겸손히 간구하게 될 때까지, 자녀의 앞길을 하나님께 온전히 맡기고 기도해야 합니다. 자녀의 인생을 끝까지 책임져 주실 분은 오직 하나님이시기 때문입니다.

하나님을 만나고 하나님께 붙들릴 때 자녀의 믿음이 온전히 회복되고 하나님께 드리는 그들의 예배가 회복될 수 있는 것입니다. 부모가 다 해줄 수 없음을 고백하면서, 자녀를 위해서 눈물로 기도할 때 하나님께서 친히 그들을 돌보시고 온전한 예배자가 되게 하실 것입니다.

본문을 보면, 므낫세가 기도한 것은 겨우 한두 절밖에 되지 않습니다. 앞선 그의 인생 대부분이 그가 행한 악한 일들에 대한 기록들입니다. 그런데도 하나님은 그의 뒤늦은 기도를 받아주시고 그의 간구를 들어주셨습니다.

하나님은 그를 예루살렘에 돌아오게 하셔서 다시 왕위에 앉게 하셨습니다. 이것이 바로 하나님의 은혜의 역사입니다. 따라서 지금 우리의 생각으로 누구에 대해서도 함부로 판단해서는 안 됩니다.

하나님의 크고 은밀한 일이 누구에게 어떻게 일어날지 우리는 지금 다 알 수 없기 때문입니다. 하나님을 인정하고, 하나님 앞에 엎드려 살려달라고 하면 하나님은 반드시 응답하십니다.

믿음의 대를 이어가는 자녀는 자신의 하나님을 만나야 합니다. 지금 환난 가운데 있다면, 그 문제를 나의 힘으로가 아니라 지금 기도하게 하시는 하나님의 그 뜻을 깨닫고 순종해 보시기 바랍니다.

므낫세를 다시 왕위에 앉게 하셔서 전능하신 하나님이심을 알게 하신 것처럼, 오늘도 살아 역사하시는 하나님께서 기도하는 자의 간구를 들으시고 그의 앞길을 인도하셔서 하나님께서 예비하신 회복의 은총을 누리게 하실 것입니다.

그런데 우리가 잊지 말아야 할 것이 있습니다. 회복케 하시는 그 목적이 바로 하나님께 드리는 예배의 회복에 있다는 사실입니다. 이 모든 것이 하나님께 온전히 예배하는 자가 되게 하기 위해서라는 것을 깨달아야 합니다.

회복케 하시는 하나님의 은총으로 다시 왕위에 오른 므낫세는 하나님의 그 뜻을 깨닫고 더욱 철저히 하나님을 예배하는 자가 되었습니다.

그는 이방 신들과 우상을 다 제거하고 여호와의 제단을 보수하고 그 제단 위에 화목제와 감사제를 드렸습니다. 그리고 자신만이 아니라, 모든 백성에게 하나님 여호와만 섬기도록 명했습니다. 므낫세 한 사람으로 인해서 그 땅에서 하나님께 드리는 온 예배가 회복되게 하신 것입니다.

하나님은 우리의 기도에도 응답하실 것입니다. 우리의 기도에도 응답하실 하나님의 은총을 기대하며 오늘 이 땅의 모든 기도자가 진정 하나님께서 기뻐하시는 거룩한 예배자로 회복되기를 바랍니다.

14

지혜자, 여호와를 경외하는 기도자

¹⁵내 아들아 만일 네 마음이 지혜로우면 나 곧 내 마음이 즐겁겠고 ¹⁶만일 네 입술이 정직을 말하면 내 속이 유쾌하리라 ¹⁷네 마음으로 죄인의 형통을 부러워하지 말고 항상 여호와를 경외하라 ¹⁸정녕히 네 장래가 있겠고 네 소망이 끊어지지 아니하리라 ¹⁹내 아들아 너는 듣고 지혜를 얻어 네 마음을 바른 길로 인도할지니라

/ 잠언 23:15-19 /

두말할 것도 없이 자녀는 부모에게 있어서 가장 소중한 존재입니다. 때로 말을 듣지 않아서 자녀에게 화를 내기도 하지만 자녀를 아무런 조건 없이, 어떠한 상황에서도 끝까지 믿어주고 사랑해 줄 수 있는 사람은 부모밖에 없습니다.

부모라면 자녀에게 모든 것을 다 주고도 아까워하지 않습니다. 오히려 다른 집 부모보다 더 많이 해주지 못한 것에 미안해합니다. 부모의 사랑을 노래한 짧은 시가 생각납니다.

이진호 님의 '사랑' 이라는 시입니다.

열을 주고 다섯을 받았다.
더 주고 싶다.

그렇게 마지막 하나까지도 아낌없이 내어줄 수 있는 그 사랑이 바로 자녀를 향한 부모의 사랑입니다. 부모의 사랑은 이처럼 계산적이지 않습니다. 자녀가 행복할 수 있다면, 그것으로 만족합니다. 자녀에게 주느라고 늘 손해를 보아도, 오히려 마음이 기쁘고 즐겁습니다.

우리를 자녀로 삼으신 하나님 아버지의 사랑도 그럴 것입니다. 우리가 아무리 하나님의 사랑을 깨닫고, 범사에 감사하고, 헌신한다고 할지라도, 하나님이 우리에게 베푸신 사랑을 다 갚을 수가 없습니다.

날마다 우리에게 베푸시는 그 사랑이 너무나 크고 풍성해서 도저히 감당할 수가 없기 때문입니다. 우리에게 있는 모든 것이, 오늘 우리가 처한 모든 상황이, 이러한 하나님의 사랑 때문이라는 것을 깨달아야 합니다. 하나님은 선지자 예레미야를 통해서 그 사랑을 깨닫도록 선포하셨던 것입니다.

"여호와의 말씀이니라 너희를 향한 나의 생각을 내가 아나니 평안이요 재앙이 아니니라 너희에게 미래와 희망을 주는 것이니라 너희가 내게 부르짖으며 내게 와서 기도하면 내가 너희들의 기도를 들을 것이요 너희가 온 마음으로 나를 구하면 나를 찾을 것이요 나를 만나리라" (렘 29:11-13)

당시 바벨론에 끌려가서 포로생활을 하고 있던 이스라엘

에게 평안은 없었을 것입니다.

그러나 하나님은 고난과 절망 가운데 있던 그들에게 기도하게 하셨습니다. 기도를 들으시는 하나님이심을 체험케 하셨고, 기도의 능력으로 모든 것을 감당케 하시는 하나님이심을 알게 하셨던 것입니다.

지금 우리의 삶은 어떠합니까? 평안입니까 재앙입니까? 지금 우리의 눈에는 재앙으로 보이고 소망이 보이지 않을 수 있지만, 우리를 향하신 하나님의 생각은 오직 평안이요 우리에게 미래와 희망을 주시려는 하나님의 크고 은밀한 일임을 깨닫는 기도의 사람이 되어야 합니다.

우리가 날마다 소망의 하나님께 부르짖어 기도할 때, 하나님은 우리의 기도를 들으실 것이고 우리의 자녀들을 친히 만나주시고 그들의 앞길을 인도해 주실 것입니다.

이 믿음으로 자녀를 위해서 기도하실 때마다 잠언 23장의 말씀을 붙잡고 묵상하며 기도하시기 바랍니다. 시편에서 가장 널리 알려진 것이 다윗의 시편 23편이라고 떠올리시면, 잠언 23장을 잊어버리지 않으실 것입니다.

본문은 잠언 가운데서도 '자녀교육'에 대한 가장 핵심적인 부분입니다. 부모가 자녀에게 꼭 가르쳐야 할 중요한 것이 무엇인지를 말하고 있습니다. 뿐만 아니라 자녀의 인생에 가장 중요한 목표가 무엇이어야 하는지에 대해서 말하고 있습니다. 그리고 어떻게 해야 그것을 이룰 수 있는지도 깨닫도록 합니다.

첫째로, 부모가 자녀에게 꼭 가르쳐야 할 것은 인생에 있어서 마음이 중요한 것이고 자녀는 부모의 마음을 즐겁고 기쁘게 해야 한다는 것입니다.

오늘의 본문 속에는 이 단어가 처음부터 끝까지 계속해서 반복됩니다.

"내 아들아 만일 네 마음이 지혜로우면 나 곧 내 마음이 즐겁겠고" (잠 23:15)

> "내 아들아 너는 듣고 지혜를 얻어 네 마음을 바른 길로 인도할지니라" (잠 23:19)

잠언이 처음과 마지막에서 반복적으로 강조하는 것처럼 마음이 중요합니다. 우리가 어떠한 마음을 갖느냐에 따라서, 평안일 수도 있고 재앙일 수도 있는 것입니다. 하지만 내 마음을 내 뜻대로 하지 못하는 존재가 우리 인간입니다.

그래서 성령께서 우리의 마음과 생각을 지켜주시기를 기도해야 합니다. 우리의 마음이 하나님께서 주시는 평안으로 가득할 때, 성령 충만하여서 우리의 마음이 거룩한 길로 인도함을 받을 때, 우리는 어떠한 상황 속에서도 주님 안에서 행복을 누리게 되는 것입니다.

믿음의 부모는 자녀에게 바로 이것을 가르쳐야 합니다. 이것을 깨닫고 부모의 마음을 또한 즐겁게 하는 믿음의 자녀가 되도록 기도해야 합니다.

그런데 자녀가 이러한 삶을 살아가는 데 있어서 장애물이 되는 것이 있습니다.

"네 마음으로 죄인의 형통을 부러워하지 말고 항상 여호와를 경외하라" (잠 23:17)

마음이 중요한데, 우리가 세상에서 살아가다 보면 악인이 잘되고 죄인이 오히려 형통한 것을 보게 되고 그것을 부러워합니다. 우리의 마음이 이것에 흔들리고 빼앗기게 되면, 여호와를 경외하는데 문제가 생깁니다.

시편과 잠언의 말씀을 보면, 악인의 형통을 부러워하지 말라는 권면이 많이 등장합니다. 지금 당장 악인이 더 잘되는 것 같고, 나는 열심히 예배드렸는데도 안 된다고 느끼면 실망하고 낙심하게 됩니다.

그러면 여호와를 경외하는 것이 복된 일이 아니라, 시간과 물질을 낭비하는 쓸모없는 것이라고 여기게 됩니다. 따라서 우리의 자녀가 항상 여호와를 경외하는 자녀가 되기를 원한다면 부모는 자녀를 어려서부터 다른 아이와 비교해서는 안 됩니다.

하나님은 우리 모두에게 각각의 재능과 달란트를 주셨습니다. 그것이 무엇인지를 잘 발견하고 그것을 통해서 하나님을 기쁘시게 하고 이 세상에 선한 영향력을 끼치는 자녀가 되도록 도와야 합니다.

그런데 다른 아이와 비교해서 더 잘한다거나 혹은 좀 부족하다고 평가하다 보면, 우리 자녀는 하나님께서 주신 재능에 감사하고 하나님을 경외하는 자가 되기보다는 사람의 비교와 그에 따른 평가를 더 의식하는 사람이 되기 쉽습니다.

대표적인 예로, 시편에 등장하는 아삽을 들 수 있습니다. 시편의 제3권을 시작하는 73편부터 83편까지 아삽의 시가 집중되어 있습니다. 아삽은 다윗과 동시대의 인물로서 성전 성가대의 대장이었습니다.

그렇지만 그는 악인의 형통함 때문에 신앙적으로 갈등했습니다. 오만한 자를 질투하고 부러웠습니다.

그는 이렇게 고백합니다.

"나는 거의 넘어질 뻔하였고 나의 걸음이 미끄러질 뻔하였으니 이는 내가 악인의 형통함을 보고 오만한 자를 질투하였음이로다" (시 73:2-3)

그가 거의 넘어지고 미끄러질 뻔한 이유는 하나님의 행하심을 신뢰하지 못하고, 다른 사람과 비교했기 때문입니다. 악인이 지금은 잘 되는 것 같고, 그들에게는 고난과 재앙이 없어 보이지만, 그들에게는 반드시 하나님의 공정한 보응이 있을 것입니다.

세상에서 이 문제로 갈등하며 넘어질 뻔했던 아삽은 하나님의 성소에 들어갈 때에야 비로소 그들의 종말을 깨달았다고 고백합니다. 오직 하나님께 우리의 마음을 두어야 합니다. 하나님께서 우리의 마음을 주장하시고 지켜주셔야 합니다.

그러할 때 하나님께서 우리의 마음을 새롭게 하셔서 하나님의 선하시고 기뻐하시고 온전하신 뜻이 무엇인지를 분별하게 하시는 것입니다. 그러한 자에게 하나님께서 열어 주시는 장래가 있고 그의 소망이 결코 끊어지지 않게 되는 것입니다.

우리의 자녀들이 하나님만을 경외하는 자로서 말씀을 통해서 참된 지혜를 깨닫고 소망의 삶을 살아가게 되기를 바랍니다.

지금은 비록 악인이 형통한 것 같이 보일 수 있지만, 하나님은 반드시 이 상황을 역전시키시고 항상 하나님을 경외하는 자가 승리하게 하시는 그날을 오게 하실 것입니다.

믿음으로 세상을 이기는 하나님의 자녀가 되기를 간구하는 우리에게 하나님은 하나님의 크고 은밀한 일을 말씀대로 이루어지게 하실 것입니다.

아삽은 자신의 신앙적 고민과 갈등이 해결된 후에, 다시금 믿음으로 결단하며 이렇게 고백합니다.

"하나님께 가까이 함이 내게 복이라 내가 주 여호와를 나의 피난처로 삼아 주의 모든 행적을 전파하리이다" (시 73:28)

아삽의 이 고백이 우리의 고백이 되고 또한 자녀들의 고백이 되기를 바랍니다. 오늘도 하나님의 응답하심을 믿고 자녀를 위해 감사함으로 간구하십시오. 하나님께서 우리의 마음에 모든 염려가 떠나가게 하시고 기쁨과 감사가 넘치게 하실 것입니다.

15

바울, 교회와 성도를 위해 중보하는 기도자

¹⁵이로 말미암아 주 예수 안에서 너희 믿음과 모든 성도를 향한 사랑을 나도 듣고 ¹⁶내가 기도할 때에 기억하며 너희로 말미암아 감사하기를 그치지 아니하고 ¹⁷우리 주 예수 그리스도의 하나님, 영광의 아버지께서 지혜와 계시의 영을 너희에게 주사 하나님을 알게 하시고 ¹⁸너희 마음의 눈을 밝히사 그의 부르심의 소망이 무엇이며 성도 안에서 그 기업의 영광의 풍성함이 무엇이며 ¹⁹그의 힘의 위력으로 역사하심을 따라 믿는 우리에게 베푸신 능력의 지극히 크심이 어떠한 것을 너희로 알게 하시기를 구하노라 ²⁰그의 능력이 그리스도 안에서 역사하사 죽은 자들 가운데서 다시 살리시고 하늘에서 자기의 오른편에 앉히사 ²¹모든 통치와 권세와 능력과 주권과 이 세상뿐 아니라 오는 세상에 일컫는 모든 이름 위에 뛰어나게 하시고 ²²또 만물을 그의 발 아래에 복종하게 하시고 그를 만물 위에 교회의 머리로 삼으셨느니라 ²³교회는 그의 몸이니 만물 안에서 만물을 충만하게 하시는 이의 충만함이니라

/ 에베소서 1:15-23 /

에베소서는 사도 바울이 주후 60년경에 로마의 옥중에서 에베소 교회 성도들에게 보낸 서신입니다. 바울은 이 서신에서 그리스도의 몸인 교회와 그 지체인 성도들과의 관계에 대해서 중점적으로 가르칩니다.

이런 점에서 에베소서는 교회론에 대한 내용을 담고 있다고 알려져 있습니다. 그 가운데서도 오늘의 말씀이 가장 핵심이라고 할 수 있습니다. 사도 바울은 교회와 성도의 관계에 대한 가르침을 단순히 이론적인 나열이 아니라, 기도의 형식으로 전하고 있습니다.

따라서 본문을 단락별로 소제목을 붙여놓은 성경책에 보면, 대게 오늘의 이 말씀에 대한 제목으로 "바울의 기도"라고 적혀 있습니다.

여기에는 중요한 의미가 들어 있습니다. 교회와 성도들의 관계, 교회를 대하는 성도들의 마음과 태도는 눈에 보이는 이론적인 차원에서 다루어질 것이 아니라, 영적인 기도의 차원에서 이루어져야 한다는 것입니다.

우리는 교회를 눈에 보이는 건물로 생각한다든지, 사람들의 모임으로 생각하는 경향이 있습니다. 하지만 이러한 생각은 하나님께서 세우신 교회를 제대로 이해하지 못하고 있는 것입니다.

교회란 무엇일까요? 사도 바울은 다음과 같이 선언합니다.

"교회는 그의 몸이니 만물 안에서 만물을 충만하게 하시는 이의 충만함이니라" (엡 1:23)

먼저 바울은 교회는 그리스도의 몸이라고 말합니다. 우리가 교회를 언급할 때 '주님의 몸 된' 교회라는 표현을 종종 사용합니다.

하지만 교회가 어떻게 그리스도의 몸이 될 수 있을까요? 말씀에 근거해서 우리는 교회를 이렇게 설명하지만 사실 비논리적인 설명입니다. 따라서 처음 믿는 이들은 이 내용을 글자로는 읽지만 받아들이기 어려워합니다.

그다음으로 바울은 교회는 만물 안에서 만물을 충만하게 하시는 이의 충만함이라고 말합니다. 먼저 설명보다 더 어렵게 느껴집니다. 그리스도의 몸이라는 표현은 그래도 우리가 종종 사용하지만, 교회를 설명할 때 사실 이렇게 말하는 경우는 거의 듣기 어렵습니다.

이 설명을 쉽게 풀어서 이야기한다면, 교회는 그리스도의 충만함이어야 한다는 것입니다. 교회는 그리스도로 말미암아 채워져야 하는 존재라는 뜻이고, 그렇게 채워질 때 비로소 교회의 역할을 제대로 감당할 수 있다는 의미입니다.

이것이 어떻게 가능할까요? 이것은 오직 하나님의 능력으로만 가능합니다. 사도 바울은 다음과 같이 하나님의 능력을 길게 소개합니다.

"그의 능력이 그리스도 안에서 역사하사 죽은 자들 가운데서 다시 살리시고 하늘에서 자기의 오른편에 앉히사 모든 통치와 권세와 능력과 주권과 이 세상뿐 아니라 오는 세상에 일컫는 모든 이름 위에 뛰어나게 하시고 또 만물을 그의

발 아래에 복종하게 하시고 그를 만물 위에 교회의 머리로 삼으셨느니라" (엡 1:20-22)

이 소개는 인간의 언어로 설명할 수 있는 가장 최상의 표현입니다. 하나님의 능력을 알리고 전달하기 위해서 바울이 얼마나 세심한 노력을 기울였는지를 잘 알 수 있습니다.

그러나 사실 어떠한 수식과 표현으로도 다 설명할 수 없는 것이 하나님의 능력입니다. 설명하는 사람은 열심히 한다고 하지만, 듣는 사람은 선뜻 이해하지 못하는 경우가 참 많이 있습니다.

그래서 교회에 주신 하나님의 신비를 에베소 교회 성도들이 깨달을 수 있도록 사도 바울은 설명에 그치지 않고 그들을 위해서 기도했던 것입니다. 그 기도의 내용이 바로 아래의 말씀입니다.

" 우리 주 예수 그리스도의 하나님, 영광의 아버지께서 지혜와 계시의 영을 너희에게 주사 하나님을 알게 하시고 너희 마음의 눈을 밝히사 그의 부르심의 소망이 무엇이며 성도 안에서 그 기업의 영광의 풍성함이 무엇이며 그의 힘의 위력으로 역사하심을 따라 믿는 우리에게 베푸신 능력의 지극히 크심이 어떠한 것을 너희로 알게 하시기를 구하노라" (엡 1:17-19)

하나님께서 우리에게 지혜와 계시의 영을 주셔야 합니다. 그리고 우리 마음의 눈을 밝혀 주셔서 부르심의 소망을 알게 하시고 하나님의 능력이 얼마나 크신지를 알게 하실 때 비로소 우리는 그리스도의 몸 된 교회를 위해서 온전히 기도하는 자가 될 수 있습니다.

하나님의 능력 안에서, 하나님이 주시는 지혜와 계시의 영으로 교회를 위해서 기도하는 자가 되시기를 바랍니다. 그러한 기도자가 될 때 하나님께서 그리스도의 몸 된 우리의 교회 안에 그리스도의 충만함으로 축복해 주실 것입니다.

따라서 우리의 지식과 이론으로 함부로 교회를 판단해서는 안 됩니다. 교회는 그리스도의 피 값으로 세우신 하나님의 신비이기 때문입니다.

그리스도의 몸 된 교회를 내 생각대로, 내가 원하는 대로 하고자 해서도 안 됩니다. 그와 반대로 우리는 교회의 머리가 되셔서 만물을 그의 발아래 복종하게 하시는 그리스도의 통치하심과 인도하심을 날마다 간구하며 나아가야 합니다.

이 크고 은밀한 일을 위해서 하나님께서 우리를 성도로 부르시고 기도하게 하시는 것입니다. 비록 우리가 이 교회의 신비를 다 알 수 없다하더라도, 눈에 보이는 것이 전부가 아님을 인정하고 하나님 앞에 겸손히 기도해야 합니다.

사도 바울이 그러했던 것처럼, 오늘 이 때에 하나님께서 지혜와 계시의 영을 우리에게 주시기를 간구하시기 바랍니다. 우리가 기도하고 간구할 때 하나님께서 우리의 기도에 응답하시고 우리 마음의 눈을 밝혀주실 것입니다.

15장에 걸쳐 우리는 성경 속에 등장하는 여러 기도의 사람들을 함께 살펴보았습니다. 삶의 고비마다, 인생의 중요한 순간마다 하나님께 부르짖었던 그 기도의 사람들을 늘 기억하시면서, 우리 역시 날마다 기도의 자리로 부르시는 하나님의 뜻을 깊이 깨닫고 하나님께서 예비하신 놀라운 응답의 기쁨을 누리는 믿음의 삶을 살아야 할 것입니다.

하나님은 우리 모두가 기도의 사람이 되기를 원하십니다. 우리가 하나님이 원하시는 기도의 사람이 될 때 우리는 하나님의 역사를 우리의 가정과 교회와 사회와 세계 속에서 분명하게 보게 될 것입니다. 그리고 우리가 목격한 하나님의 놀라운 역사를 세상 속에서 담대하게 증거하는 증인된 삶을 살게 될 것입니다.

미래교회를 사랑하는 사람들의 책 02
순종하는 기도자

지은이_ 김형래
펴낸이_ 최병천

펴낸날_ 2023년 3월 6일(초판 1쇄)

펴낸곳_ 신앙과지성사
       출판등록 제9-136(88. 1. 13)
       주소 | 서울 서대문구 연희로 177 옥산빌딩 2층
       전화 | 335-6579 · 323-9867 · 323-9866(F)
       E-mail | miral87@hanmail.net
       홈페이지 | http://www.miral.co.kr

ISBN 978-89-6907-308-2   03230

값 12,000원